Ciel

溫柔行走，在西藏

作者・攝影 / 八月女生
發行人 / 王學哲
總編輯 / 方鵬程
責任編輯 / 李俊男
美術設計 / 余俊德
校對 / 賴秉薇
出版發行 / 臺灣商務印書館股份有限公司
台北市重慶南路一段三十七號
電話：（02）2371-3712
讀者服務專線：0800056196
郵撥：0000165-1
網路書店：www.cptw.com.tw
E-mail：ecptw@cptw.com.tw
網址：www.cptw.com.tw

局版北市業字第993號
初版一刷：2008年7月
定價：新台幣300元

ISBN 978-957-05-2298-3

溫柔行走，在西藏

就讓我們的靈魂，遨遊在西藏⋯

推薦序

　　八月女生一直是一位感性與理性兼具的新時代女性，她的一句話撼動了我的心：一般人都生活得太過小心翼翼，不敢輕意放掉手中擁有的現在式，怕一打開雙掌，所有的存在都將化為烏有。希望這本書能對大家有所啟發。Follow where your heart goes.

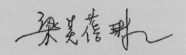

達豐公關集團CEO

　　三番兩次聽到八月女生又要去西藏，真的好奇這位獨立自主、愛好旅遊的現代女性，為何對西藏如此情有獨鍾？今天終於等到她將旅程中所記錄下來的緣份與驚喜集結成書，讓尚未啟程的友人得以略窺西藏之一、二。

　　細細閱讀《溫柔行走，在西藏》，讓我彷彿進入一種簡單的空間之中，遠離日常生活的束縛與誘惑，讓心靈回歸到一種純真而自在的快樂，那是被我遺忘很久的感覺，正如書中提到的：「到西藏旅行，是檢驗自己的生命能夠減去多少繁瑣事物的最好方式。」這是另一種對人生的體會，習慣了物質享受，旅行讓我們想到簡單與放下。在八月女生的號召之下，希望也能早日真實體會這個集宗教、美學與哲學的國度。

美國惠氏藥廠西藥事業處公共事務處長

有時候去旅行，我們以為是在天地之間闖蕩的對外探索：探高山，涉水深，尋覓柳暗花明又一村的落英繽紛。然而最後卻發現，真正旅行的收穫往往是來自於內在的悸動。來自於當妳向外愈走愈遠，同時也向內走的愈來愈深。

八月女生的西藏之旅，或許正是一趟這樣的旅行。她不僅以身體歷練長途跋涉；也張開了眼、打開了心，以敞開的靈魂與西藏的風土人情溫柔相遇。而這樣的相遇之所以溫柔，是因為她展現了對西藏文化謙卑的尊敬，並隨順自然地讓這些旅行的際遇融入她的生命裡。是因為她始終帶著感恩上路，於是我們看見的不僅是字裡行間的風光明媚，還有一個女子對於生命的智慧與寬容。

陳若蓉 Josephine

瑞士ORIS手錶總代理超翊有限公司行銷協理

邁入中年的女人最忌諱談到年齡，尤其是做行銷這一行。認識八月女生的那一年，我在族群調查中仍屬於26~30這一欄，我們常討論的話題就是發誓賭咒做完某個操死人的案子後要流浪到一個老闆永遠call不到的地方，有創意的地點很多，不過終究事情太多而沒有成行。而今，我在市調族群中快要脫離36~40這一欄，發誓賭咒的話沒有變，年假卻依然休不完（可不是因為公司給年假太大方），但八月女生卻幽幽展開她夢想的翅膀，用真誠的行動成就對生命的承諾，完成這本近五萬字的西藏行腳。專業的攝影水準加上多年職場生涯洗鍊的文字運用，讓我深切感受到八月女生翱翔夢想彼岸的喜悅。希望之後她還有更多的驚喜，給我們這群（目前）捨不得家庭放不開工作的朋友。

Connie Hou（侯明）

遠雄人壽整合行銷室經理

走在西藏的路上　生命的感覺就在其中

　　去年底我從藏區兩個多月的單人行腳歸來，曾寫下：是「因緣」帶領自己開始及完成神聖土地的心靈之旅；說起來這段因緣是八月女生牽動起來的，三次入藏，非為宗教的朝聖，也並非特意放逐自己的旅程，而是來自內心的召喚；當遙遠的國度也呼喚了我的心靈時，一場神奇的精神之旅於焉實現。

　　行走在西藏，一路上不時有人，特別是藏人，問起我為何一個女生單獨成行，是什麼樣的勇氣讓我不怕路上的寂寞與危險，我總是說：旅行是生活在他方的延伸，若會感到寂寞，在那裡都是一樣；至於危險，套一句在藏區的生活體驗，一切都是「不好說」。在西藏的日子，行囊是神奇力量展現的總和，那些滿足於簡單生活、樂於開放自己的快樂人，帶領我看到脫離物質滿足、消費充斥的貧瘠狀態，轉而追尋內在自由的飽滿生活；西藏的天空、湖水跟藏人的眼神一般清澈，一如人內心的本性，照見所有美好的一切，俱足在心；面對變幻無常的大自然，學會的不是挑戰與執著，而是順服當下，讓自己免於處在對過去或未來的焦慮中，一切現象都是流動的。

　　讀著八月女生的西藏書，看到她漸漸放下的「包袱」，也藉著她溫柔行走、細緻人文觀察的沈澱，鼓舞更多的人們走在西藏的路上，遇見自己的獨特緣分，而生命的感覺就在其中。而我，正是以西藏經驗與八月女生精神伴遊、生命共鳴！

自由美食旅行工作者

自序　**我們，相遇在西藏**

　　五年內三訪西藏，不是信徒，也不為還願，這樣的緣分在眾人眼中確實很特別。回首這三次旅程，發現每次的時機和過程彷彿被一股無形的力量牽引著，前後有著太多讓我難以解釋的巧緣。

　　第一次入藏，是意外。

　　2002年中我準備獨往雲南、四川旅行，臨出發前一位女伴想同行，她朝思暮想的西藏就這麼被納入行程，成就了我的西藏緣分。這一年是釋迦牟尼佛的本命年馬年，藏地各式慶祝活動都特別弘大，據說眾人所能獲得的福分是其他年份的十三倍。更神奇地，事後準備離開西藏的我卻因為拉薩機場大霧影響航班，被迫在拉薩多延宕了一天，那一天正是我的生日。離開前最後深深凝視西藏，才發現它已悄悄在我心中生根，一種即將從天堂重返人間的離別愁緒滿覆心間。

　　西藏歸來，我患上嚴重的「思鄉病」，不由自主地瘋狂獵取各種與西藏相關的書籍和影片，欲罷不能，彷彿是一個流浪在外無法歸鄉的可憐孩子，日日只能透過影像遙想家鄉。對於這種無解的行徑，我常自嘲告訴朋友：「我前世肯定是個藏人」。

　　第二次入藏，是為完成心願。

　　為了想再度親近西藏而轉到上海工作的我，每天工作忙碌，根本沒有機會前往西藏。2006年初，工作的陸資公司大老闆突然換人，原來甚受重視的產品變成無人關心的私生子，預算和行銷計畫處處受制，這讓我有了離職的好藉口，朝思暮想回西藏的心念終於在歷

經四年等待、青藏鐵路即將啟動前一個月實現。

這一次，我帶著英文版的《牧羊少年奇幻之旅》（The Alchemist）同行，那是朋友前一年從美國寄給我的生日禮物。我相信，在靈秀的西藏閱讀這本書，心中會有更多感動和激盪，因為作者在頁首寫了這麼一段話：''We all need to be aware of our personal calling. What is a personal calling? It is God's blessing, it is the path that God chose for you here on Earth. Whenever we do something that fills us with enthusiasm, we are following our legend.... However, we don't have all the courage to confront our own dream.''

是的，大部份人都生活得太過小心翼翼，不敢輕意放掉手中擁有的現在式，怕一打開雙掌，所有的存在都將化為烏有。於是，昔日的夢想和豪情大志，最終只能掛在房間一角蒙塵褪色。但如果不踏出去，又怎能發掘夢想與生命間的關連？怎能看見上天為我們生命安排的種種美麗新視野呢？於是，我瀟灑放手，踏出步伐前去西藏尋求另一種與生命互為平行線的未知，不是勇敢，而是想讓生命更加無怨無悔。

第三次入藏，是突如其來。

第二次西藏之旅結束的年底，我接下一份新工作轉到廈門。半年後，回台北和老闆談續新約，不料雙方對合約存有歧見，老闆最後以一封email告知不續約。得知結果準備回廈門打包行李的我，走在台北街頭腦海卻突然冒出一個聲音：「去西藏吧。」訊息來得叫人詫異，但轉念一想又有何不可呢？於是我決定遵從內在的聲音，用短短一周時間準備入藏相關事宜，過程雖繁瑣，卻像牧羊少年總能不斷找到辦法克服問題，彷彿這是一趟必然的旅程。

這一次入藏，心情很輕鬆，行李也少少的，行程沒有非做什麼、非看什麼不可，凡事隨緣就是了。意外地，在黃教創始人宗喀巴大

師籌建的甘丹寺某經堂，正在心無旁騖拜佛的我竟看見了自己前世曾身為西藏紅衣僧人的影像。原來，這就是我戀戀不捨西藏的原因，也是我的靈魂一再催促我回西藏的原因。面對答案的現身，我內心無驚亦無喜，僅以一抹微笑回頭感謝這個答案，若不是它的存在，我怎能有三訪西藏的緣份呢？

　　西藏行有美好的過程，當然也有不盡人意處。當旅行結束後，透過萬萬千千照片重新回味過程時，才發現存在腦海裡的記憶盡是滿滿的感動；至於那些不盡人意處，也已被淨化成心的學習功課，不強求也不執著了。畢竟，天下沒有十全十美的香格里拉。

　　要集結三次西藏旅遊體驗出書，又是另一種機緣的成就。從接觸出版社、洽談合作意願、討論書籍大綱到簽約，前後只花費短短兩周時間，迅速得讓我嘖嘖稱奇，也戰戰兢兢地構思每一篇文章、每一個細節，希望曾經讓我感動再三的西藏故事，也能夠透過文字感動更多有緣人。

　　低頭感謝天地諸善緣的同時，也要感謝曾先後隨我入藏的 Carrie、Michelle和Lily三位旅伴，因為有她們沿途的包容與相互照顧，才能讓我的西藏故事豐富到訴不盡；希望在本書的字裡行間，能讓她們再度看見當時旅行的快樂和悸動。

　　最後謝謝每一位閱讀或購買這本書的讀者，願你們在閱讀的同時，心靈都能滿懷豐收。這不是一本西藏旅遊大全，也不是一本西藏攝影輯，出版社和我希望從人文的角度出發，透過一個又一個溫馨的故事和經歷，帶領讀者去細細體會西藏大地斯土斯民的真善美，也讓各界對於西藏有更多不同層次的視野，讓西藏不只是「西藏」二字的浮面觀感。這些故事，也許您曾聽過，也許尚未聽過，不妨準備一杯咖啡、坐下來聽我緩緩訴說。對於現今正不斷被外來腳步追趕而面臨大幅改變的西藏，未來還能保有這些美好的人事物多少、多久？我不知道，只願自己的文字能成為見證它們曾經存在的事實之一。

　　三次西藏行的美麗經歷，謝也謝不盡，只能虔誠合掌感謝上天的奇巧安排，並期許下一次緣分的早日到來。札西德勒。

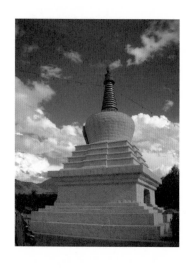

目錄

目錄

讓靈魂在西藏遨遊

　　旅行過二十個國家，領略過無數頂級美景，基於世界很大的原則，始終沒有特別想回頭再探訪某地的欲求。直到踏上西藏，領略靈淨的山水人性後，靈魂開始有了依存的期待，希望三不五時就能重返西藏，在遼闊天地間好好撫慰滿覆塵世競逐傷痕的身心，為靈魂灌注新的能量。

　　每個人拜訪西藏的動機不盡相同，有人為青藏高原的無盡山水而去，有人為喜馬拉雅山的壯麗雄渾而去，有人為藏傳佛教的真情奧祕而去，有人只因時興話題而好奇前往。不同的動機造就不同的收穫，有人盡興而去、敗興而歸，有人如在天堂翩翩起舞、戀戀難捨，有人卻從此敬謝不敏。

　　人，很容易被現實世界的邏輯和價值觀所制約，用從小到大習以為常的眼光評斷眼前事物，所以當面臨不同的文化、不同的思考模式，「疑惑」和「不以為然」就成為披掛在身上的兩件外衣，阻擋自己嘗試不同文化溫度的機會。能不能脫掉這兩件國王的外衣，將是感受西藏文化深淺的關鍵。

> "沒有是非判斷，沒有好壞榮辱，心愈柔軟輕鬆，
> 　　　　靈魂愈能在其中翩然起舞，帶來新能量、新啟示。"

　　西藏，位於世界最高的青藏高原，地域遙遠和高山險阻讓它能創造出獨特的文化與宗教信仰，並且與現代潮流保持若干隱約距離。在這塊有「世界第三極」之稱的土地上，幾乎全民信奉藏傳佛教；宗教賜予他們在險峻貧瘠土地上樂天知命的單純，也賜予他們不求今生只求來世的磊落豁達，所以他們即使手握千金也會悉數奉獻給

廟宇神祇，勞碌終生的結果是用天葬讓肉體化為烏有、回歸天地。因此，在西藏旅行是一種截然不同的經驗和心情感受，心雖常被自己習慣性的思惟撞擊著，最後卻常能在豁然開朗中獲得滿懷感恩的淚水和頓悟。

西藏首府拉薩，海拔約3700公尺，常年陽光直射，是罕有的「日光城」。世代生長在這片土地的藏人，雖然仍保持每天早晚安適自在轉經的習慣，但大量的漢人移入和全球遊客的匯聚，卻也讓她愈來愈向商業化靠攏，尤其青藏鐵路每年帶來的二百萬人次可觀遊客，劇烈撕扯著西藏的神秘面紗，讓她必須更赤裸無蔽地面對外人的好奇窺伺。

「現在的拉薩很商業化」，是許多遊客對拉薩的共同評價。其實，變與不變、如何改變，對藏人也是很大的掙扎與學習。既然改變已不可免，那麼何不善念以待、樂觀其變呢？就像文化大革命，可以暫時冰凍藏傳佛教的腳步，卻無法阻斷它的長遠根源；只要傳統不滅絕，藏族的生命哲學肯定也會幻化成不同風貌，繼續跟隨藏人生命向前行進的。

> "西藏是靈魂的故鄉，不汲汲於踏遍每一處角落，
> 　　靈魂自會在簡單的行徑間譜出最適合生命步調的行程和視野。"

幸好，西藏很大很大，遊人對藏族宗教和文化再不懂得憐香惜玉，也會臣服於無語的山水間，受到若干感化。

西藏的天空是一匹無垠的畫布，有著大城市灰漆天空無法比擬的湛藍光澤，遊人只有在此才能真正感受到「藍天」的定義。掛在藍天的白雲，彷彿都經過天使的細心洗滌，一朵朵泛出高亮度的潔白無瑕；陽光照射下，雲朵像拋繡球般把影子投送給山峰，在起伏不一的山巒留下美麗影痕。

西藏的神山雄渾蒼勁，滿蓋皚皚白雪的它是大地威武的守護者，也是懷中靈秀至極的聖湖的最佳情人，共同像神父、聖母般護守著

無所不在的寺廟和佛塔，是大地的傾聽者，時時聆聽藏民的祈禱

藍天白雲讓人忘魂

　　西藏大地與它的子民。西藏的河流匯納了俊偉山峰融化後千里而來的雪水，冰川的空淨讓河水泛著碧藍或乳綠的極美色彩，在陽光下波光粼粼感動四方。

　　西藏的花朵吸取了足夠的陽光能量，總能在春夏綻放出最迷人的色澤；郊外一畦畦的金黃色油菜花田，山叢間一片片色彩繽紛的杜鵑花海，田野裡迎風無盡招展的青稞田，還有路邊草地各式各樣叫不出名的花朵，都是大自然饋贈給用心掬賞者的禮物。

　　西藏的寺廟如巨龍盤旋於山巒莊嚴而不可侵，無盡閃閃金光更彰顯出神佛的萬千慈悲。不管心中秉持何種宗教信仰，看著眼前長長沒有盡頭的轉經道、站在大殿偌高的神像面前，任何人都會無言地傾倒其下，曾有的七情六慾貪嗔癡也都能暫止不動，獲得一方平靜。

　　西藏是靈魂的故鄉，只要能放下心中的奢求和執著，必能在新穎繁華的事物裡乍然看見傳統的光華美麗，必能從藏人日復一日不停歇的轉經步履間領悟到歡喜自在的人生道理。於是，緊繃的臉龐會開始自動浮現笑意，匆匆促促的腳步懂得如何放慢，心煩意亂的內在會逐步往下沈澱，東奔西竄的思緒也會被眼前的單純畫面所收伏，只留下滿滿的喜悅和感謝。

　　西藏是靈魂的故鄉，不汲汲於踏遍每一處角落，靈魂自會在簡單的行徑間譜出最適合生命步調的行程和視野。沒有是非判斷，沒

有好壞榮辱，心愈柔軟輕鬆，靈魂愈能在其中翩然起舞，帶來新能量、新啟示。

西藏歸來，能訴說的故事太多太多了，只問你在過程中是否願意放下胸中丘壑、深情感受。

寺廟的貓咪似乎受到佛經的耳濡目染，有著平地少見的溫雅柔順，不迎合人、卻也不拒絕人

在這片土地上，每個靈魂都有適合自己遨遊的空間

只有喜悅、沒有淚水的布達拉宮

　　屹立於紅山的布達拉宮，曾是西藏的政教中心，1994年被聯合
國教科文組織列為世界文化遺產。初訪神往已久的它，我一直以為
自己會想伏跪其下或激情落淚，最後卻什麼也沒有發生，只覺有點
悵悵然。之後，經常在布達拉宮下來來去去，我才恍然明白，布達
拉宮與我的靈魂是清淡如水之交的君子，而非高貴不可親的皇宮貴
族，所以面對它時，我和藏人一樣只有無盡的喜悅、沒有淚水。

　　在拉薩市任何寺廟、任何角落都可以窺見風華不可一世的布達
拉宮，巍峨的權力建築和珍藏的佛像、唐卡、壁畫、古書、珍貴珠
寶和歷史文物，讓它魅力十足，遊客甘於攀登一階又一階陡峭難行
的階梯、投入它的懷抱。只是，隨著大規模的現代化城市修建，飽
經歲月風霜且失去主人關懷的它躋身於亮麗街景間，竟顯出幾分疲
憊，還有失去主人的寂寥落寞。

　　布達拉宮最早建於西元641年，是藏王松贊干布為文成公主修

夜幕低垂下的布達拉宮，依然是拉薩寺的不滅指標

建的皇宮，「布達拉」是梵語譯音，指觀世音菩薩居住的島嶼，所以布達拉宮又被稱為第二普陀山。松贊干布過世後吐蕃王國四分五裂，布達拉宮也逐漸毀於戰亂；現在的布達拉宮是五世達賴喇嘛重掌西藏政權後在1645年重新修建（白宮部分），後又經歷任達賴喇嘛不斷擴建成為今日的面貌。

布達拉宮購票憑證。遊客必須先拿證件排隊領取此憑證，再依憑證指定時間前往購票、入內參觀

布達拉宮屹立在海拔3700公尺的紅山上，是一座典型的藏式建築，主樓高十三層，建築體因外觀顏色不同分成白宮和紅宮兩大部分，互有走廊連結，殿基下方還有四通八達的地道和通風口；方形建築的周圍各有一座圓形瞭望碉堡，讓整體建築呈現出方圓並容的外貌。

白宮是歷代達賴喇嘛的寢宮和原西藏政府的辦公場所，入口處廣場德央廈是舉行跳神儀式和藏戲表演的地方，也是現在參觀路線的開端，入口處的木梯分成左、中、右三道，中間只有達賴喇嘛可以行走，現在已經被哈達嚴密封鎖。白宮最頂層是達賴寢宮「日光殿」，達賴喇嘛可在此俯視整個拉薩城，昔日戒備森嚴只有高級僧侶官員才可進出，現在也是空無主人。

紅宮是布達拉宮的主樓，也是處理宗教事務所在，內有五座歷代達賴喇嘛的靈塔殿，分別是五世、七世、八世、九世和十三世，其中又以修建布達拉宮的五世達賴靈塔殿最雄偉，這也是布達拉宮最大的殿堂，殿高三層，由16根大方柱支撐，中央超過12公尺的寶塔安放著五世達賴靈塔圓寂後的法體和各種寶物、舍利子，整個寶塔耗費黃金12萬兩，四周並鑲滿各式寶石，讓人望之肅然起敬。紅宮的頂端是五座寶塔和其他殿堂的金頂，在陽光照耀下齊發出燦爛閃光，彷彿提醒著眾人此地的珍貴光彩。

布達拉宮另一處必訪勝地是「聖觀音殿」。殿門上方，懸掛著清

布達拉宮層層而上的女兒牆通道（右上）；布達拉宮下方的轉經道（右中）；布達拉宮下的長長轉經道，一個接續一個的轉經筒，總能在藏民的虔誠推動下飛舞出美麗節奏（下中）；婦人虔誠地清洗著轉經筒，讓被大量人潮撥轉過的它們仍能時時泛出光彩（下右）；為藏人修理手中轉經筒的攤位，各式零件一應俱全（下左）

同治皇帝親筆的「福田妙果」牌匾，殿正中央則供奉著檀香的自在觀音像，這是布達拉宮的鎮宮之寶。傳說這尊雕像是天然形成，由印度經人帶入拉薩，後來在戰亂中流失，直到若干年後才再度被人發現並送回布達拉宮珍藏。藏人認為觀世音是西藏的保護神，所以這尊雕像在西藏有著無法被取代的珍貴性。遊客到此，可以請僧人誦經祈福，臨走前還可以免費求取一張蓋有金色經文的紅紙條做為平安符，算是拜訪布達拉宮的特殊紀念品。

二十餘年前的布達拉宮，下方仍是杳無人煙的荒原，更襯托出宮殿在蒼茫天地間的恢宏與高高在上。經過多年來的不斷建設，布達拉宮前方的北京路每天汽車和人潮川流不息，對面也變成綠草如茵的解放公園，夜晚甚至還有現代感十足的水舞表演。現代化的步調不知該說布達拉宮顯得更與時俱進了，還是讓它威嚴不復當年。

"屹立於紅山的布達拉宮與我的靈魂是清淡如水之交的君子，
面對它時，我和藏人一樣只有無盡的喜悅、沒有淚水。"

雖然距離被拉近、十四世達賴喇嘛在印度另建流亡政府，但布達拉宮在藏民心中的神聖地位仍一如往昔，不容動搖。每天晨昏不論風雨，虔誠的藏民手持佛珠和轉經筒沿著布達拉宮步道轉經，當他們走到正面山腳下的白牆前方，總會不約而同放下手中物，然後對著布達拉宮深情朝拜，一拜接著一拜，一跪接著一跪，直到心滿意足為止。看著藏民們滿布歲月風霜的臉龐展露著由心泛起的滿足感，遊客也會跟著忘神，相距十萬八千里的生命在此忽然互有交集、不分彼此。

布達拉宮下的這面牆讓我想起耶路撒冷的哭牆。每個教徒走到哭牆前，總會忍不住撫牆痛哭一番；但在西藏這片神佛特別眷顧的土地上，我看不到淚水，取而代之的是藏民不怨天尤人的喜悅與感恩，於是我把這面牆稱為「喜牆」，一道展現藏民生命喜樂的白牆，每當走到此處，我的心底也跟著升起無限平和。

　　抽離這股靈性，順著藏民的轉經步伐走到布達拉宮西側，又別有一番風情。這裡是布達拉宮轉經筒的開端，也是個傳統市集，早市裡各種別具藏地特色的店面或攤販，讓人眼睛一亮，賣蔬果、格桑花、黃色酥油、犛牛肉、傳統藏族服飾、日常生活用品的小店，一家挨著一家，其中居然還有專門為藏民修理手中轉經筒的攤販，零星配件一應俱全，有意思極了。

　　藏民走到此處，既可以繞著布達拉宮的轉經步道轉經，又可以側身選購各類攤販小品，轉經不忘生活、生活不忘轉經，平凡事落到藏人身上，不知為何就是如此理所當然、不落俗套。

布達拉宮下方白牆的六字真言石刻

拉薩永遠的中心點：大昭寺

　　拉薩市區的發展是沿著大昭寺展開的，所以大昭寺可說是拉薩的中心點。大昭寺不屬藏傳佛教任何教派，歷代達賴或班禪的受戒儀式皆在此舉行，運用來決定活佛轉世認證的金瓶掣籤儀式也在此進行，地位毫不遜於布達拉宮。藏人轉經時所謂的小轉，是指繞大昭寺內部轉經道一圈，中轉是繞大昭寺外圍的八角街一圈，大轉則是繞舊拉薩市區一圈，所以說沒到過大昭寺等於沒到過拉薩。

"每天，無數的藏人在此向蒼天祈求，
也有無數的遊客在此架著相機捕捉感人的畫面。"

　　大昭寺的歷史和唐朝文成公主有著密不可分的關係。西元647年左右，和親入藏的文成公主發現西藏地形有如羅剎女，不利於發展，於是命人在魔女心臟處建立大昭寺鎮煞。據說當時這裡是湖泊沼澤地，必須動用大量山羊馱土填湖，現在大昭寺一樓還保留著相關壁畫紀念此一過程。大昭寺的鎮寺之寶釋迦牟尼12歲等身像，更是文成公主從長安城遠攜而來的寶物。當年此佛像供奉在小昭寺，大昭寺則供奉尼泊爾尺尊公主帶來的8歲等身像，直到唐朝另一位金城公主和親入藏後，為讓後人對文成公主有更多的追思，才將兩尊佛像供奉地點互調，12歲等身像從此成為大昭寺的至尊之寶。文革期間，佛像被丟棄在破銅爛鐵裡險遭焚毀，後來經過眾人努力尋找後才在北京覓得，並將其請回大昭寺，繼續接受信徒的香火。

　　全天候開放參觀的大昭寺，一樓珍藏的寶物和釋迦牟尼等身像卻只在早上開放，所以每天清晨僧人開啟大門後，藏民和觀光客蜂擁而入，讓大昭寺裡裡外外都有如市集般水泄不通，直到中午過後，

擁擠人潮逐漸散去，才能還大昭寺一個清靜。

　　大昭寺的重要佛像都安置於一樓，入內必須排隊繞行於一個個小到不行的房間裡參拜，密閉的空間視線不佳，還混雜著酥油味、桑煙味，有著其他寺廟少見的神秘與擁擠。入內參觀大昭寺的藏民大都是千里而來的牧民，身著傳統服飾，手拿準備進獻的酥油，等待的同時口中還時刻喃喃唸著經文，臉上一片祥和自在。對於我們這些急急切切的遊客與旅遊團，藏民總能體貼地放慢腳步讓我們先行，也許他們的一生早已習慣不與人相爭的淡泊生活哲學，所以每一時刻都過得怡然自得。

"不管角色是什麼，每個人都已忘我地融入莊重聖潔的氣氛裡，

不想言語，也不想離去。"

　　隊伍行進到釋迦牟尼佛等身像大殿時，人潮開始躁動不安，外面的人急於進入，裡面的人卻一拜再拜遲遲不肯出來，讓僧人三不五時就得疏散人潮。據說，目前世上僅有三尊經過釋迦牟尼同意並親自開光的等身像，其中兩尊即8歲和12歲等身像分別被供奉在拉薩，更使得拉薩也成為眾佛教徒心中的聖城。

在這裡，每顆心都是虔誠的

　　僧人為了尊崇釋迦牟尼佛等身像並保護其光彩不墜，經常在佛像全身塗刷金粉，因此站在祂面前，只覺得高大而金光閃閃，集千萬光燦耀眼於一身。不知是現場肅穆氣氛還是神像慈祥的眼神所致，見到祂的那一刻，我竟像藏人般不斷對著神像磕頭，一遍又一遍，走到門外還徘徊不想離去。是佛的慈悲吸引了我？還是因為愈深入了解藏傳佛教，所以愈感受到它的無形能量？或許，兩者都有吧。

　　參觀完人群洶湧的一樓大殿，可以順著指標再上二樓殿堂和四樓金頂，三樓是僧人們的作息

大昭寺金頂

大昭寺廣場的經柱，是八角街的起點、也和終點
（下左）。入口處的大型釋迦牟尼佛壁畫（右上）、沿
著八角街磕長頭的藏人（右下）

地，並不對外開放。為了節省時間，旅遊團隊通常都略過二樓直上四樓戶外金頂。

"匆匆促促的人生，就讓它暫時止息在這沒有貪慾也沒有執著的一刻吧，
　　　　　　離神愈近的地方，心也愈單純止靜。"

大昭寺頂層巨大的金頂分別建於14世紀和17世紀，從這裡也可遠眺位於紅山的布達拉宮，兩個西藏重要的宗教建築就這麼遙遙相望，日夜接受著藏人的朝拜與敬仰，也共同守護著拉薩這片聖土。

由金頂往下望，眼前是大昭寺廣場和高聳的唐蕃會盟碑、翠綠的公主柳。唐蕃會盟碑是文成公主入藏後，松贊干布為表示唐蕃友好情誼所設；公主柳則是文成公主親手栽種的從長安隨行而來的柳樹，但那棵樹因時日久遠已枯死，後人又在原址重植一株，今日也綠樹成蔭（西藏四處可見柳樹，最早是由文成公主從中原引入，所以又稱為唐柳，但在適應高原環境後，已和我們平地所見的柳樹品種略顯不同）。

大昭寺廣場不論何時總是滿布密密麻麻的藏人。每天早晚，他們在大昭寺廣場煨桑煙、轉經、磕等身長頭，日復一日，永無止日，那氣勢和人潮，與布達拉宮不相上下，感人程度卻又勝過布達拉宮。

在大昭寺前方和建築兩翼，可以看到許多磕長頭的「常客」，每天早晚不停地在此磕頭。所謂磕長頭，是指雙手合十後，從上而下分別劃過額、口、心，身體和四肢再順勢滑下貼服於地面形成五體投地的姿態，是藏傳佛教常見的拜佛方式。這些藏人，或為許願，或為還願而來，一般都要磕上十萬個長頭才算了願。磕長頭可以在原地跪拜，也可以沿著某物或某路前行，有如轉經，但心意更虔誠。

在冷硬的石板上磕長頭久了，手腳容易受傷，這些常客都會自備軟墊、護手、護膝等道具，女性還會在裙襬處綁上細繩，避免裙

藏人前往寺廟添加酥油的茶壺、及朝拜的藏人們

角牽動影響跪拜的動作。中午豔陽高照時，部分藏人會把道具先擺一旁去休息或用餐，直到近傍晚時再重回原地。虔誠不為所動的藏人，則把軟墊移到正門口建築陰影處，繼續他們心向神佛的朝拜，絲毫不受溫度和外界影響。

　　每天，無數的藏人在此向蒼天祈求，也有無數的遊客在此架著相機捕捉感人的畫面。不管角色是什麼，每個人都已忘我地融入莊重聖潔的氣氛裡，不想言語，也不想離去。匆匆促促的人生，就讓它暫時止息在這沒有貪慾也沒有執著的一刻吧，離神愈近的地方，心也愈單純止靜。

廟裡的傳統大飯鍋，由此可見昔日僧人盛況(左上)。寺廟提供的淨身祈福用聖水(右上)、藏人煨桑煙的樹枝(右下)

【註】西元7世紀松贊干布統一吐蕃國後，為了宣揚自己的功業並與鄰國建立良好關係，先後迎娶尼泊爾尺尊公主和唐朝文成公主入藏。兩位來自佛教國的公主仁民愛物，並攜帶大量佛教經書入藏，為藏傳佛教奠定發展基礎，因此被藏人視為白度母和綠度母的化身，在西藏各大寺廟裡皆有她們二人的佛像，接受藏人世代香火朝拜。

發呆在八角街

　　每當朋友問我在西藏最喜歡做什麼事情，我總會不假思索地回答：「坐在八角街發呆。」

　　在拉薩待久了，日子就像過生活，每天不急於非做什麼不可；即使無事可做，坐在大昭寺廣場和八角街對著轉經、朝佛的藏人發呆，都是一件美好的事。旅行就是這樣，不僅要能四面八方亂走，也要懂得行止的藝術，唯有拋卻與時間賽跑的城市哲學，才能真正融入藏人世界。

　　由傳統老石塊鋪陳的八角街，正式名稱是八廓街，後因眾人口誤訛為八角街，這整條街長約一公里，繞著大昭寺外圍成一圓弧狀，廣場既是起點也是終點。它是拉薩市區最熱鬧繁華的老區，各式商店、餐廳、茶館和攤販沿路而立，時時人聲鼎沸。

　　八角街的每一天都是熱鬧滾滾的。日出後，大昭寺大門開啟，轉經的藏人也隨之圍攏而來，為大昭寺廣場帶來桑煙味和酥油味等藏地獨有的風味。濃厚的桑煙帷幕裡，穿著傳統服飾的藏人一個個拿著轉經筒自在而行，渺小的身影逆光行走在大地上，竟有著一種穿越時光隧道而來的視覺震撼，直到攤販和觀光客的喧囂聲四起，才讓此地從千古的恍惚中回神。

　　八角街四周是緊挨著的傳統藏式三層樓建築，屋子外牆塗刷成雪白，在豔陽下閃閃發亮；大片的玻璃窗戶則塗著粗厚的黑色外框，再加上一層飾有不同藏式雕花圖案的鐵窗，鐵窗裡一盆盆色澤美豔招搖的鮮花，隨時都有要破窗而出的姿態。屋頂上，小小的突柱插著藏地時常可見的五色經旗，在風中微微蕩漾，展現藏人無所不在的向佛精神。

每天早晚，川流不息的藏人在八角街轉經、朝聖，來自偏遠地區的藏人甚至還一身傳統服飾，讓此地有著既遙遠又真實的雙重形象。白色直朝天聽飛揚而去的白色桑煙，是藏人與天地互相溝通的虔誠信號，類似漢傳佛教的燒紙錢。桑煙是藏區獨有的景致之一，凡有藏人之處就有桑煙

如果說地中海的窗景讓人難
忘，那麼西藏的窗景同樣會讓
人驚豔，不管是平常人家或寺
廟、僧侶宿舍，處處都可見寧
靜雅致的窗景，訴說著藏人簡
單卻不失光彩的生活方式

拉薩的地形略似盆地，四周皆為山巒所擁抱，當天色轉寒、氣溫下降時，山間便開始飄起白雪，此時站在八角街抬頭向遠方望去，只見群山滿覆白雪，有如一位遺世獨立的老翁，和八角街的熙來攘往氣氛形成強烈對比。

藏人到八角街是為轉經，觀光客到八角街則為好奇和消費。心境雖不同，但有個原則卻是相同的：大家都必須依順時針方向行走，這是藏傳佛教的習慣，在藏地皆是如此（在當地只有苯教的人才逆時針行走）。偶有不知情或不想順勢而行的觀光客強行逆向，雖沒人糾正，但走在藏人行列間一定處處受制。在別人的土地上，學習用別人的生活方式行走，似乎也是旅人應該學習的功課。

"旅行就是這樣，不僅要能四面八方亂走，也要懂得行止的藝術，
　　唯有拋卻與時間賽跑的城市哲學，才能真正融入藏人世界。"

整個八角街有一百多家商店、兩百多個攤位，如果再擴及到八角街巷弄和大昭寺廣場周圍，數量就數不清了，遊客常走著走著就迷失在藏人行列間，不知身在何方；即使是走在八角街上不走岔，巨大的人流也會讓這條路走起來格外緩慢，沒有半小時以上是走不出去的。如果沒有時間限制，不妨放慢腳步，邊走邊看，不管藏人或攤販、商店，都有看不完的風情，天天看也不厭倦。

這裡的攤販架一個接著一個，左右皆有，攤販位於內側，商店位於外側，彼此販賣的東西大同小異，有各式各樣的藏族飾品、紀念品和轉經筒、唐卡，商店的品質明顯較優於攤販，價格自然也較高。但攤販實在太多了，藏人又沒有漢人會做生意，所以走在這裡常會聽到藏人呼喊：「小姐買一個嘛」、「小姐來幫我開市」的聲音。有時候我會禁不住憨厚小販的召喚，隨手買個三五塊錢小飾品，然後學小販拿錢邊拍打攤上物品邊喊：「開市開市！」讓藏人老闆嘻嘻哈哈笑成一團。的確，對某些不擅長經商的藏人而言，要在密密麻麻、商品重複性又高的攤販群開市，並不是件容易事，常

有藏人在豔陽下坐了大半天卻一件東西都賣不出去，偶爾幫這些沒
有商業味道的藏人開市、陪他們聊天，成了我逛八角街的另一種樂
趣。

也許是太不像觀光客了，即使沒有買東西，我也總能在八角街認
識可愛的店家，最後成為好朋友。每當要前往八角街散步時，我就
會順路繞過去跟老闆打聲招呼，或者拿顆糖請老闆吃。反正老闆也
知道，跟我只能交心，卻做不了什麼大買賣，但當他們需要翻譯和
外國客人溝通時，我又成了最佳人選，而且買賣很容易成交。

只是，八角街商店易主的機率很高，每當我重回拉薩要再訪上一

"願能有那麼一天，我們能在拉薩的某個角落再度不期而遇。"

回建立情誼的攤販老闆時，他們早已不知去處了，此時心中雖有一
絲遺憾，但也只能淡淡笑笑，畢竟彼此都是天涯過客，又何嘗期待
過真正的重聚呢？唯一能做的，就是在心裡默默祝福那些曾經萍水
相逢的老闆，不論他們此時停駐在天涯何處，願八角街燦爛的陽光
仍能時時溫潤他們心田；也願能有那麼一天，我們還能在拉薩的某
個角落再度不期而遇。

八角街上琳瑯滿目的紀念
品攤，讓人眼花撩亂；
但，它們只對觀光客有吸
引人，僧人走過完全不為
所動(上)。大昭寺前的酥
油燈長晃不墜，猶如藏人
千百年來的向佛之心，總
能匯集成一股巨大無邊的
力量(下)

達賴喇嘛的夏宮羅布林卡

　　羅布林卡位於拉薩西郊三公里處，以前這裡屬於拉薩郊區，人煙稀少，現在已開發成繁華大馬路，拉薩的高級住宿地Holiday Inn和西藏博物館都在附近。羅布林卡是歷代達賴喇嘛避暑辦公的夏宮，每年藏曆三月中旬左右，大隊人馬護衛達賴喇嘛移居夏宮，直到秋季才又轉回布達拉宮，因此羅布林卡又有「拉薩的頤和園」之稱。

　　1959年3月17日晚上，為避免西藏政經領袖落入中國政府手中，年輕的十四世達賴喇嘛在親信護衛下祕密離開羅布林卡，沿著

昔日達賴喇嘛的夏宮

喜馬拉雅山脈逃向印度，從此羅布林卡和布達拉宮都成為沒有主人的建築物，在日月星辰轉換中不斷期待主人的回歸。曾被刻意封閉多年的羅布林卡，這幾年也因旅遊風潮，重新以植物園風貌敞開門戶歡迎各界賓客，讓眾人有機會一窺昔日達賴喇嘛的宮廷花園。

羅布林卡，藏語是「寶貝園林」，在18世紀中期由七世達賴開始建造，後來經過各世達賴喇嘛的擴建，規模日益壯大，讓它從一片荒原變身為高原美景，現有園林約占地46公頃（約為北京故宮的二分之一），其中林木花草占約三分之二面積，說它是一個美麗的高原植物園並不為過，尤其在大部分土地都是荒蕪大野的西藏，能看到如此的綠意和各式花草實屬難得。夏季時，羅布林卡園百花爭豔，高原玫瑰更是彼此怒放、相互爭輝，花香吸引得蜜蜂、蝴蝶和啄木鳥都流連忘返。

"基於愛護和傳播自己的文化心態，僧人會抽空鑽研自己負責的房間和各種相關的典故，所以能說出許多導遊所不知的細節，尤其是建築裡各式各樣精美的壁畫，每一幅的背後都有著動人故事。"

整座羅布林卡由格桑頗章、烏堯頗章、達登明久頗章等數座藏式宮殿組成，其間互有花園、通道相接。格桑頗章是七世達賴時期所修建的建築，現在的參觀重點新宮，則是1954年中國政府解放西藏後特別為十四世達賴喇嘛修建的宮殿，前後歷經三年完成，經堂、會客室、臥房、客房、喇嘛母親住宿房、洗手間一應俱全，擺設大都刻意維持著十四世達賴喇嘛當年使用的原狀，連時鐘都指在達賴出走的時刻，未曾移動。在這裡，還能看到許多英國政府曾贈予達賴喇嘛的英式家具和水龍頭、馬桶等西式生活用品。西藏雖然深處中國內陸，但以喜馬拉雅山與印度接壤，早在清朝時期即與印度、英國多有來往，這是大部份人不熟悉的歷史。

在新宮外面的展示廳，展示著歷代達賴喇嘛的交通工具，從早期各式各樣的轎子到小型三輪車、英式馬車、私人大轎車一應俱全，

有傳統簡陋的，也有現代新穎的。在這裡，我們曾遇到一名看似凶惡的僧人，幾句交談後開始熱心地為我們介紹各式坐騎，和我們分享西藏的文化知識，讓沒有導遊的我們收穫良多。

湖心宮是羅布林卡另一處知名宮殿，由八世達賴修建，十三世達賴時又擴建水池，長方形的大池內南北分列三個方形小島，十分清幽，正中島上一座類似漢式的建築，更顯示出漢藏文化融合之久遠。

羅布林卡內部有一處茶館，供應藏人日常喜歡飲用的酥油茶和甜茶，茶裝在有傳統紅花飾的大保溫瓶裡，很有復古味道，拿著它四處走動，很有入境隨俗的感覺。平常，藏人也喜歡到羅布林卡搭帳篷野餐，與家人一起度過美麗的時刻。每年藏曆七月的雪頓節，是羅布林卡最熱鬧非凡的時刻，藏人上山看完曬大佛後，扶老攜幼前來羅布林卡搭帳篷野餐、看傳統藏戲，讓羅布林卡歡笑聲不斷。

在非尖峰時刻參觀羅布林卡，是一件舒適愉快的事。這裡的管理人員幾乎都是僧人，個個以能成為達賴夏宮的工作人員為榮，言語間更是不迴避期盼達賴喇嘛歸來的渴望。基於愛護和傳播自己的文化的心態，僧人會抽空鑽研自己負責的房間和各種相關的典故，所以能說出許多導遊或旅遊書所沒有細節，尤其是建築裡各式各樣精美的壁畫，每一幅的背後都有著動人故事，透過僧人的解釋深入其意境，更可為旅行帶來驚喜收穫。

班禪駐錫地：日喀則 札什倫布寺

　　日喀則是後藏第一大城市、後藏宗教信仰中心，也是班禪喇嘛駐錫地。但因後藏距離遙遠、建設又比拉薩落後，所以大部分遊客到日喀則都只是匆匆一瞥，讓它像是一個養在深閨未被大眾充分認識的少女，有點孤單。

　　雖然是西藏僅次於拉薩的第二大城，但和絢爛光彩的拉薩相比，日喀則顯得灰澀許多，街頭觀光遊客零零星星（團體客都是乘坐遊覽車當天來回），市區也安靜冷清，連賣紀念品的小販都是懶洋洋的。正因為如此，日喀則的藏人仍然極為傳統憨厚，繼續過著他們步調緩慢的生活，僧人和藏人也都還普遍穿著傳統紅色藏靴，不像拉薩的僧人，休閒鞋、球鞋或拖鞋來者不拒。

　　在日喀則，家家戶戶屋內都懸掛著十世班禪的照片，這也是個有趣現象。十世班禪已於1989年圓寂，中國也認證了轉世的十一世靈童，但此靈童並非達賴喇嘛所認證，所以未能獲得藏民認同；加上大部分時間他都住在北京，偶有重大節日才回到日喀則，和藏民之間「很不親」，因此藏民就寧可繼續掛著十世的照片而不願更新。

參觀及口渴飲水的藏人

虎皮幢

班禪喇嘛合葬塔所在的大殿

　　位居市中心的札什倫布寺，藏語意為「吉祥須彌山」，由黃教始
祖宗喀巴的弟子根敦珠巴（後來被追封為一世達賴喇嘛）於1447年
創建，它也是黃教（格魯派）六大寺廟之一，黃教的勢力因此寺得
以從前藏進入後藏，後藏地區的僧人也可不必再長途跋涉前往拉薩
學習。四世班禪時，持續擴建札什倫布寺，極盛時期達到房間三千
餘間的規模，從此正式成為後藏地區的宗教重心和班禪的駐錫地，
連尼泊爾、喀什米爾地區的僧人都不遠千里而來。

> "札什倫布寺整座寺廟像一條金色長龍般蜿延盤踞著山頭，
> 　　　　　　十四座金頂在陽光下發出燦爛金光。"

　　札什倫布寺整座寺廟像一條長龍般蜿蜒盤踞著尼色日山，14座
金頂在陽光下發出燦爛金光，宛如一條金龍，其中幾座金頂分別是
一世達賴、四世班禪和五至九世班禪的靈塔所在。文革期間，五至
九世班禪靈塔遭受嚴重毀壞，浩劫後十世班禪奏請中央重修一座合

塔，以集體紀念這幾位圓寂的班禪。1989年初，合葬塔終於完工舉行落成典禮，飽經文革磨難的十世班禪也因此功成圓寂，結束多舛多難的人生。走出靈塔殿，眼前是一個巨大的戶外經場，四周迴廊繪有上千尊的佛像，稱為千佛廊，這是其他寺廟所沒有的壯觀景象。

札什倫布寺的措欽大殿（大經堂），也是舉世聞名的大，它是全寺最古老的建築之一，共有48根柱子，據說可同時容納三千多名僧人在此誦經，可惜那種震撼的畫面今人已難再見。

幸好，強巴佛殿裡的「世上最大的銅佛像」，仍能讓人感受到札什倫布寺的雄偉不可一世。藏傳佛教裡，強巴佛是未來佛，又稱為彌勒佛（不同於漢地的彌勒佛），相傳釋迦牟尼佛之後就會進入強巴佛時代。這尊巨大的強巴佛由九世班禪於1904年親自主持建造，工程浩大，光黃金就耗費八千多兩，前後歷時多年才完成。強巴佛殿高約30公尺，強巴佛像坐在3.8公尺高的蓮花基座上，高26.2公尺，光耳朵就長2.2公尺，可以筆直站立一人。佛的眉宇間鑲有大小鑽石32顆，全身上下珍珠、琥珀、珊瑚、綠松石等珍貴寶石1400餘顆，價值連城。站在高聳的佛像前，任何人都會無言地謙卑臣服。所謂數大便是美，巨大何嘗不也是一種美呢？

在札什倫布寺參觀，腳步可以很輕鬆隨興，一字橫向排開的大

札什倫布寺大殿頂端是難得一見的孔雀

殿動線簡單易循，遊人不易錯失任何重點。這裡的經堂也有著若干
拉薩沒有的細節，例如入口處懸掛著搖鈴，朝拜者入內會用手去拉
扯鈴鐺讓它發出清脆響聲，好像在跟神明掛號報到。經殿外方地板
上，綠松石鑲成的朝拜標記，告知民眾頭、手應擺放在何處，挺有
意思的。為什麼會有這些細節？沒人告訴我標準答案，但可知的是
綠松石印記年代已久遠，地面已出現眾信徒輪番磕頭、撫摸留下的
凹痕，宗教的力量實在不容小覷。

"最叫我難忘的，是在經堂誦經持咒的老僧人、幾位在風雨中自在而行的藏人，
　　他們總讓我在細節裡看見美麗、看見感動、看見藏人的內心之悅。"

　　參觀札什倫布寺最叫我難忘的，既不是高大的強巴佛，也不是金
光閃閃的靈堂，而是兩位在經堂誦經、持咒的老僧人。頭髮花白的
他們並坐在窗前座椅上，應信徒之請唸經祈福，喃喃的誦經聲像是
合唱團裡的二部合唱，和諧莊嚴而悠遠，配著誦經聲的是他們不斷
變化的持咒手勢，兩雙蒼老滿佈斑皺的手有如魔術師般，巧妙變化
出各式神巧動作，如幻化在空中的蝴蝶，跟隨聲音翩翩舞弄。如果
可以，我真想坐在他們眼前不要離去。

　　當參訪完畢準備離去時，驟雨突然來襲，雨勢又大又急，讓我
們狼狽地尋找可遮風蔽雨處。眼前，卻只見幾位藏人在雨中緩緩行
來，既不急著躲雨，也沒有加快步伐的意思，下不下雨好像都與他
們拜佛行走的節奏無關。看著他們在風雨中自在而行的身影，我的
心又再次被撼動著，我想，這正是藏傳佛教不斷吸引著我的原因，
它總讓我在小細節裡看見美麗、看見感動、看見藏人的內心之悅。

【註】歷史上，達賴喇嘛和班禪喇嘛的轉世必須彼此相互認證、且互為師徒（長者為
師）。十世班禪圓寂後，居於印度的十四世達賴喇嘛曾透過札什倫布寺高僧協助認證一
位靈童，但因政治立場而不為中國政府所接受，之後中國政府又自行認定了今日的十一
世班禪，卻未能受到藏民的普遍認同。

藏傳佛教的故鄉

　　到西藏這個藏傳佛教的故鄉旅遊，參觀寺廟是常有的行程，如果事前能先花點時間做功課認識藏傳佛教，不僅在參觀過程能知其所以然，對藏人的生命哲學也才能更加心領神會。

　　西藏最早的宗教是「苯教」，又稱為黑教，出現時間不可考。一直到西元7世紀，吐蕃王松贊干布先後迎娶尼泊爾尺尊公主和唐朝文成公主，兩位生於佛教昌盛國家的公主將佛教帶入西藏，帶入西藏，藏傳佛教開始萌芽。

　　之後經過戰亂和苯教勢力打壓，佛教在西藏不斷生生滅滅，直到吐蕃王赤松德贊即位，派人到尼泊爾迎請蓮花生大師入藏傳播密宗，並把苯教神祇收歸為佛教護法神，藏傳佛教才又逐漸為藏人所接受。不幸的是，接下來藏傳佛教火苗又被熄滅近百年，直到10世紀後位在藏西阿里古格王朝第二世君王闊惹自己出家為僧，藉由王室力量復興佛教，並邀請印度佛教學者阿底峽入藏傳教，才讓藏傳佛教從此在西藏順利發展，並凌駕於苯教之上，成為藏人共同信奉的宗教（現在某些藏區仍存有苯教寺廟，它們

在西藏寺廟裡經常可以看到這些特殊畫面：僧人進入大殿唸經時在入口處留下的各式各樣鞋隻（上）、和平時僧人用來燒開水的簡易太陽能設備（下）

光影穿過寺廟建築，在地面投射出美麗的影跡，讓莊嚴的寺廟多了一份藝術之美

和藏傳佛教最大不同之處是：本教轉經是逆時針方向，藏傳佛教轉經則是順時針方向）。

從此，藏傳佛教進入蓬勃發展期，並依不同教義衍生出不同派別，最知名的有寧瑪派（紅教）、薩迦派（花教）、格魯派（黃教）和噶舉派（白教）四大教派，其中又以格魯派（黃教）最受矚目。

格魯派創始人宗喀巴眼見當時佛教教義趨於散漫、僧人亦不守教法，乃集各大派之精華自創黃教，以教律嚴謹著稱，眾所周知的達賴和班禪即屬此教派，從達賴五世以來，格魯派就一直掌持西藏地區的政教大權，直到十四世達賴喇嘛遠走印度。

"在拉薩「三大寺院」——
甘丹寺、哲蚌寺、色拉寺，心領神會藏人的生命哲學。
甘丹寺口字形、位於半空中的傳統廁所，半開放形式中既能保有隱私；哲蚌寺的廚房，鍋碗瓢盆每種廚具都大得讓人驚奇；色拉寺僧人的「辯經」，從中感受到藏傳佛教的精湛教學方法。"

黃教旗下有六大著名寺院，分別是位於拉薩的哲蚌寺、色拉寺、甘丹寺，位於日喀則的札什倫布寺，位於青海西寧的塔爾寺和位於甘肅夏河的拉卜楞寺，是藏傳佛教徒的必訪之地，可惜這些寺廟的建築和珍貴寶藏大都毀於文化大革命，現今建築很多是劫後由政府撥款或民間自行籌款，再由僧人和信徒一點一滴重建的。

其中，甘丹寺、哲蚌寺和色拉寺並稱「拉薩三大寺院」，它們也是黃教六大寺院裡坐落在拉薩的三座，地位殊勝，昔人僧人成百上千，現在大概都只有數百人。隨著觀光客的大量湧入，現在西藏僧人的普通話日漸流利；加上十四世達賴喇嘛曾訪問過台灣兩次，更讓僧人對台灣更有著難以言喻的好感。參觀寺廟時主動和僧人聊天互動，不僅可以獲得許多書本或導遊不知道的珍貴訊息，更可以藉此搭起友誼的橋樑。

甘丹寺的傳統洗手間，視野無限又環保，
還沒有春光外洩之虞，是我們的驚喜發
現（上）。哲蚌寺殿堂外的半身獅獸雕像
（右）

甘丹寺

　　1409年由黃教（格魯派）創始人宗喀巴大師親自籌建，是黃教
的母寺，也是六大寺院中最為殊勝的一座，寺裡有宗喀巴的佛像、
當年寢居、佛堂和據說是他的足印一對，彌足珍貴。甘丹寺的建築
和布達拉宮有異曲同工之妙，因為參訪的遊客不多，在此反而更能
慢慢走、細細看，體會宗教的內涵。每天清晨大昭寺廣場有交通車
直達甘丹寺，當天來回。

　　甘丹寺裡口字形、位於半空中的傳統廁所，半開放形式中既能保
有隱私，又可抬頭藍天綠野，如果有緣前去參觀寺廟，別忘了趁機
「享受」一下喔！

哲蚌寺

　　宗喀巴弟子降央曲吉於1416年所創建，並由宗喀巴親自舉行開
光儀式。達賴五世未重建布達拉宮前，達賴一世至五世都居住於此
地。哲蚌寺有「世界最大的寺廟」之稱，它也是每年雪頓節曬大佛
的重要場所，十分值得參觀，只是整體寺廟面積太大，很難每個角
落都拜訪到，只能量力而為。拉薩市區有公車可達哲蚌寺山腳，再

換乘當地藏民的卡車或計程車入內。

哲蚌寺的廚房也值得一訪，鍋碗瓢盆每種廚具都大得讓人驚奇，陽光從三、四樓高聳的天窗灑下長長光束，為陰暗的室內帶來光明，更是美得寧靜有味。

色拉寺

宗喀巴弟子於1419年創建，雪頓節當天也有曬大佛，雖然規模比哲蚌寺小，卻是一整天開放，往往也吸引大量信徒參與。

每天下午三點到五點，色拉寺僧人會在戶外庭院進行「辯經」，這是觀光客必訪的行程。所謂辯經，其實是為考驗僧人對佛經了解程度而相互進行的問答過程，過程中僧人會佐以生動的拍手手勢和語調進行激辯，雖然不懂藏語，卻仍能從中感受到藏傳佛教的精湛教學方法。

色拉寺是拉薩交通最方便的寺廟，拉薩市區隨時都有503公車可搭乘。離它不遠的札吉寺，是有名的財神廟，廟裡供奉著護法神，信徒習慣用濃厚的白酒祭祀神明，值得同步造訪。

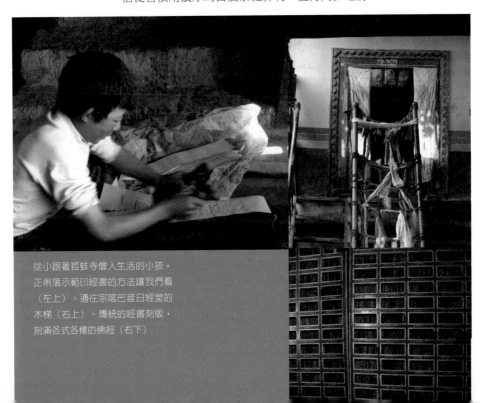

從小跟著哲蚌寺僧人生活的小孩，正俐落示範印經書的方法讓我們看（左上）。通往宗喀巴昔日經堂的木梯（右上）。傳統的經書刻版，刻滿各式各樣的佛經（右下）

走向珠峰（聖母峰）的懷抱

　　珠穆朗瑪峰簡稱珠峰，是喜馬拉雅山的最高峰，也是我們口中的聖母峰，以8848.13公尺的紀錄名列世界最高峰。珠峰基地營可說是大部分入藏遊客的必訪行程，的確，一生能有幾次機會站在離世界最高峰最近的地方靜觀其容顏呢？但高海拔地區氣流變化萬千，讓珠峰有如一位難以捉摸的少女，訪客未必人人都有緣一睹她的芳顏。聽說有一位攝影師在此連待七天，珠峰天天和他玩躲貓貓，就是不肯見客。

　　珠峰地處偏遠，沿途路況也不佳，不是碎石路就是蜿蜒山路，必須租四輪驅動車前往。純珠峰行四天三夜，沿路順道走訪羊卓雍措、卡拉冰川、江孜、拉孜、日喀則等地；如果路線要遠及荒遠的古格，一趟下來要十天半個月以上，用風塵僕僕、披星戴月來形容都不為過。不過，這一路風光卻也是無與倫比的精彩，青稞田、油菜花田（夏天）、雅魯藏布江、羊卓雍措湖（西藏三大聖湖之一）、放牧羊群、純樸村落、善良孩童，還有七、八千公尺以上峰峰相連到天邊的喜馬拉雅山群，都是萬金難買的絕景。

　　珠峰位在「珠穆朗瑪國家級自然保護區」，看到保護區的牌子我們興奮大叫，以為終點就在不遠處，誰知路途還遠著呢，得先繞到老定日購買進入珠峰的門票和車子的入山環保費，才算開始進入珠峰的核心地區，從這兒開車到離珠峰最近的絨布寺，還得三、四小時的時間，一整天就是在沒完沒了的趕路中度過。

　　在非旺季行走此路，壯闊山野間可能只有一輛車獨行，還真有「前無古人、後無來者」的蒼茫感。回首山路，曠野群山間一條被越野車壓出的羊腸小徑印烙在大地上，彎彎曲曲，這是無數奔騰而

過的旅者留給天地的印記，也是獻給珠峰的記號，讓珠峰知曉它有
多受世人的景仰。車行到最高處景觀台，只見前方七、八千公尺的
喜馬拉雅山群個個戴著一頂銀雪白帽，在藍天白雲下排排站、微微
笑。遊客站在山峰之上，既有著睥睨天下的壯志，也有著說不出的
渺小無邊，心中對於大自然更是無盡的臣服，臣服於大自然的奧
妙，也臣服於大自然的千古崢嶸。

　　海拔約5千公尺的絨布寺，距離珠峰基地營約20公里，是最接近
珠峰的寺廟，也是世上海拔最高的寺廟，1899年由紅教喇嘛阿旺丹
增羅布建造，全盛期有500名僧侶，現在卻不及20人。絨布寺附近
有簡單的住宿點，是拜訪珠峰的遊人住宿地，附近也有少數藏民居
住。

在陽光下閃閃發光的卡若拉冰川（左上）。世
界最高的寺廟：絨布寺（右上）。經過無盡的
山路，車子早已滿是塵土，用風塵僕僕來形容
這一趟珠峰行，一點都不為過（右下）

> "珠峰有如一位難以捉摸的少女。
>
> 　　我們真是有緣之人，能在離開前獲得珠峰的青睞。"

　　根據規定，師傅和越野車必須在達絨布寺止步，遊人改乘藏人駕駛的小馬車前往珠峰基地營參觀。我們抵達的傍晚，絲絲小雨裡夾雜冷冽的寒風，將能穿戴的衣物都上身了，身體還是不停地顫抖著。這麼冷的天，明知珠峰是不會現身的，我們還是咬牙坐著馬車前往基地營一探，我們冷，瘦弱的馬兒也冷，在風中無盡發抖，還要忍受藏人無情催打的馬鞭，看得讓人心疼。

　　果然，烏雲滿天的世界只有呼呼冷風迎接我們，基地營裡空無一人，而且冷得讓人無心逗留，這是珠峰送給我們吃的閉門羹，吃得大家全身透心涼，只好趕快再頂著冷風趕回絨布寺吃晚飯、休息。

　　夜晚，旅人們擠在小小的交誼室，隨身攜帶的食物一攤，三言兩語後就熟絡得如同多年好友。這就是自助旅行的好處，雖只有一夜

清晨露出臉兒客的珠峰，讓人驚喜

的萍水相逢，但推心置腹無所不談，旅途的酸甜苦辣也再度被翻出成為最佳下酒菜，繽紛這個淒黑寒冷的夜。

夜晚十一點吹起熄燈號，交誼室的燈火和熱水全部停止供應，營業的藏人要休息了，旅客也只能回到冷冰冰的房間就寢。呼吸著冰冷空氣，又睡在海拔5千公尺的高處，大部分人多少都會有高原反應，頭疼、呼吸不暢或者不斷翻來覆去，幸好我們早已適應低氧空氣，迷迷糊糊中還是能勉強睡去（遊客務必要待身體完全適應西藏稀薄空氣後才能出發到珠峰，以免出現嚴重後果）。

一夜睡睡醒醒，最後還是被晨光搖醒了。居民們早已展開一天的作息，轉山的、挑水的、招呼馬車的，生活就是生活，一刻不得閒。

七點不到，地面因夜雨出現的水窪已微微反射出清朗天色，遠方珠峰山巒隱約可見，但最頂端卻仍包裹在層層雲霧間，像是躲在襁褓裡貪睡不肯露臉的孩子。再過半個多小時，忽然天色有變化，

哇，不經意間珠峰竟已悄悄露出臉來向大家打招呼了，藍澄澄的天空襯映著雪白的珠峰真面目，在清晨陽光照耀下，三角體造型的珠峰連山稜線和雪白冰霜都讓人看得清清楚楚，彷若她的白色筋骨血脈。苦等一夜的眾人，頓時歡聲四起，手裡相機更沒敢停止拍攝這難得的一刻。原來，我們真是有緣之人，能在離開前獲得珠峰的青睞。

"藍澄澄的天空襯映著雪白的珠峰真面目，在清晨陽光照耀下，三角體造型的珠峰連山稜線和雪白冰霜都讓人看得清清楚楚。苦等一夜的眾人，頓時歡聲四起……"

高海拔地方天氣變化難測，看珠峰身旁的那朵雲就知道，一會兒像是圍在珠峰脖子上的圍巾，一會兒又飛高成為帽子，沒多久又成了墊肩，穿來弄去的看得人眼花撩亂，好像是個愛變裝的少女。只是，珠峰小姐小姐她可是很有脾氣的，聽夠了眾人的讚嘆語，也盡到待客之道後，就在我們整裝準備離去時，她又再度躲回雲霧深處去。莫非是難過得不想當面跟我們道再會，以免淚水滾滾而落嗎？沒關係，能看到珠峰容顏我們已經不虛此行了，夫復何求？師傅說，我們是挺有福氣的，因為接下來天氣將再度變壞，遊人又無緣賞珠峰真面目了。

【註】珠峰的世界紀錄高度是8848.13公尺，但在三年前中國重新丈量它的高度，已經變成8844.43公尺，所以珠峰的高度正在以緩慢的速度降低中，我們的師傅總愛開玩笑地說：「珠峰老了，所以愈來愈矮。」珠峰四天三夜行不管能否看到珠峰，司機都會依照原計畫開車返回，遊客無法要求在該地多逗留，所以看不到珠峰的遊客只能抱憾而歸，拜訪珠峰也就成了檢視自己運氣的時候。

除了驚嘆，
還是驚嘆的聖湖納木措

面對納木措的那一刻，除了驚嘆，還是驚嘆。

納木措海拔4718公尺，藏語意為「天湖」，它是中國第二大鹹水湖，也是世上海拔最高的鹹水湖。不管人間稱譽多少，納木措都不為所動，身為西藏三大聖湖之一的她，終日依偎在念青唐古拉山懷抱裡，兀自空靈美麗，兀自晶瑩剔透不染塵埃，不管人間春夏秋冬。

> "終日依偎在念青唐古拉山懷抱裡，
>
> 　　她兀自空靈美麗，兀自晶瑩剔透不染塵埃，不管人間春夏秋冬。"

從拉薩前往納木措約需三至四小時車程，途中經過海拔5190公尺的那根拉山口，在這裡狂風將壯觀的五色經旗吹得滿天震響，雖容易出現高原反應，遊客仍然興奮得非要下車留影不可。第二次造訪，我們在這裡和六月飛雪不期而遇，即將進入盛夏時刻，山裡卻

迎賓石前煨桑煙、
拜佛的藏人

是銀妝素裹的北國寒氣，一群人在風中跟著雪花狂舞，那畫面，畢生難忘。

車從那根拉山口往下走，夏天時節眼前盡是滿滿綠意的大草原，這裡聚集了眾多逐水草而居的藏民，成群的犛牛和羊群一群接著一群，直到天際線那端。由此再朝前行駛約二十分鐘，才會真正抵達停留地札西半島。大部分遊人或旅行團到納木措都是當天往返，八小時左右的來回車程，讓遊客真正能下車接觸、體會納木措美麗的時間只有短短一至二小時，或騎馬遊湖片刻，或就近撫摸湖水拍照，無盡讚嘆聲裡卻有著無緣深入領受她千變萬化風情的遺憾。

唯有在納木措住上一晚，靜靜欣賞她的美麗、寧靜與廣闊無邊，並觀賞她在日出、日落、星辰滿空不同時間點展現的光影變幻，才稱得上是一趟完美的旅程。

"深遠無止盡的她，在燦爛陽光下閃爍著無數藍綠色彩，淺綠、黃綠、深綠、淡藍、水藍、寶藍、靚藍的光彩，色層豐富得讓人數也數不盡，也讓人驚嘆連連。"

第一次到納木措旅行，札西半島沒有洗手間，遊人只能自行找塊無人空地速速解決。第二次到訪，洗手間蓋起來了，札西半島通向山丘的小徑也舖上水泥，住宿帳篷愈來愈多，處處都可見人工鑿痕。大量遊客的造訪，更讓此地的藏人愈來愈商業化，故意讓遊客拍照後蠻橫索取「模特兒費」，即使是看似單純的小朋友也會在照完相後纏著要錢。旅遊開發究竟是為他們創造了經濟能力，還是污染了他們的心靈？為什麼大自然能保持永遠的純淨，人心卻不行？每次想到這些問題，我只能無言，彷彿自己也是幫兇。

幸好，人為的不舒服並未污染到納木措。深遠無止盡的她，在燦爛陽光下閃爍著無數藍綠色彩，淺綠、黃綠、深綠、淡藍、水藍、寶藍、靚藍的光彩，色層豐富得讓人數也數不盡，也讓人驚嘆連連。把視野眺望向遠方，一波又一波的湖水，竟有著大海般洶湧氣勢，如果不看橫亙在眼前的念青唐古拉山，真會誤以為這是一片汪

念青唐古拉山和納木措是藏人心中的神山聖水，也是遊客眼中的絕色美景。站在它們的面前，眾人只能屏息驚嘆，戀戀不想離去！

夜幕慢慢掩蓋納木措

觀賞這一場不知何時會謝幕的黃昏曲，身體雖冰冷，心卻跟著狂野激情燃燒，直到夕陽完全下山、遠方藏人的摩托車燈投射而來，才依依不捨地走回帳篷。

夕陽謝幕後，緊接上場的是不斷眨眼、放送秋波的繁星，每一顆都碩大到讓人驚奇，連銀河也因過於清晰而顯得密麻無章。沒在納木措觀賞過星星，別說你看過滿空星星「大」眨眼睛的畫面。

清晨醒來，眼前的納木措又是另一番景象。清清柔柔的朝陽晨光，讓納木措的溫柔盡顯無遺，如果前一晚溫度較低，此時念青唐古拉山肯定是白雪茫茫。湖邊，早起的藏族女性已揹著水桶來汲水，為了抵禦寒風，她們全身包得密密麻麻，頭上再綁著一塊色彩鮮豔的頭巾，只露出一對靈澈雙眼，無言展開一天的工作。

桶子裝滿水後，藏人俐落地將水桶揹在身後，然後踩著朝陽光線一步一步走回住宿地。沈重的水桶，讓每個女人都傾彎了身體，在大地上投射出一條長長、充滿毅力的身影。在她們的生命裡，這一條從帳篷到湖邊的路，是每天早晨必經之途；在時間的洪流裡，藏人的腳印雖生生滅滅，靈魂卻早已與大地山河合一，成為納木措日夜的守護者，不凋不零。

光也愛上了納木措，黃昏時候在納木措四處飛舞，親吻納木措的每一吋肌膚

西藏母親河雅魯藏布江

　　雅魯藏布江，西藏的母親河，發源於喜馬拉雅山北麓，是世界上海拔最高的大河，全長近三千公里，其中有兩千多公里由西向東奔流在西藏大地，匯集冰川雪水滴滴滋養著藏人，最後再大轉彎南流入印度。

　　在西藏旅行期間隨時都可以和雅魯藏布江或它的支流拉薩河、尼洋河並行。寬廣的藍綠色水面、黃色的油菜花田、綠色的樹叢和青稞田、金黃色的沙丘原野，每一個角度都是望之不盡的自然美景。

　　澤當到拉孜，是雅魯藏布江的可航行河段，第一次入藏時我還曾在沿岸樹林裡看到為數不少的航行用牛皮筏子停靠在樹幹，現在想再看看牛皮筏子，只能到拉薩博物館裡一探究竟了。

　　西藏現代化發展的結果，不僅改變了交通工具，連交通路線也跟著不同。以前從拉薩前往山南桑耶寺朝聖，必須先坐車到桑耶渡口再換船而入；數年前跨河大橋通車，為了節省時間和方便性，眾人幾乎都棄水路改採陸路，讓昔日江上的木板船也幾乎快成絕響，必須等很久才會有船家發船到對岸。如果不想等，可以包船，但所費不貲。

　　走水路的好處是可以盡情欣賞雅魯藏布江風光。木製的馬達船，船底很深，除了容納人，也可以容納牛隻或其他動物，乘船時可能鄰座就是一位牛先生，十分有趣。因為船底很深，行人幾乎是站在船上，身靠一排排的木柱當成座椅。雖然，江的兩岸可清楚對望，但上船後才知道江面是如此寬廣，加上這一段河川淤積日益嚴重，船隻無法直行必須迂迴前進，約需五十分鐘時間才能抵達對岸。

　　天晴時，坐船橫渡雅魯藏布江真是無比的享受。雖然烈日劇曬、

冷風狂吹，但舉目四望，悠悠柔柔的河水和前方遠山竟有種說不出的山清水明意境。再朝著桑耶寺方向望去，狂風經由日復一日的工作，已將山上的細沙吹到岸邊累積成一個又一個的小沙丘，在陽光下閃亮著晶晶光澤，美不勝收。只是，這種美卻也是一種傷害，它讓雅魯藏布江的河谷淤積愈來愈嚴重，也讓這裡的草地愈來愈稀少，不利於環境和水土的保持。也許，這是大自然對於人類過度開發侵擾的一種無言抗議吧！

> "寬廣的藍綠色水面、黃色的油菜花田、綠色的樹叢和青稞田、金黃色的沙丘原野，每一個角度都是取之不盡的自然美景。"

雅魯藏布江另一處世界奇景是雅魯藏布江峽谷。它北起米林縣、南抵墨脫縣，墨脫縣也是現在中國境內唯一不通公路之處，是許多徒步者的最愛。

雅魯藏布江大峽谷風貌萬千

雅魯藏布江峽谷全長504公里，從最高的南迦巴瓦峰到雅魯藏布江水面垂直高差達7100公尺，可稱為世界上切割最深的峽谷，勝過美國的科羅拉多峽谷，又有「世界第一大峽谷」之稱。這幾年，從雅魯藏布江和尼日河交會處已開發出「雅魯藏布江峽谷遊」行程，乘船或快艇縱行於千山之間，往返約120公里，最後由派鎮前往觀景台觀賞藏東最高峰、海拔7782公尺的南迦巴瓦峰。它的高度雖只占世界排行第15，但卻和珠峰一樣都不輕易示人，想一探其面目還真得靠運氣。

根據近來的科學考察，人跡稀少的雅魯藏布江峽谷擁有豐富的植物類型、生物資源和地質面貌，水利資源價值更是無比充沛。可以想像，未來中國對於它的開發將會日益增加；母親河的面貌是否會有所改變，還是連最後一滴乳汁都會滴盡？讓我們為它祈禱吧！

6到8月間，高海拔的西藏處處可見鮮黃的油菜花田迎風招展（上）。遊牧人家逐水草而居，擁有的是最無價的視野和山間生活（左下）。以往湖邊或河邊經常可見的牛皮筏，現在卻是可遇而不可求（右下）

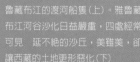

魯藏布江的渡河船隻（上）。雅魯藏
布江河谷沙化日益嚴重，四處經常
可見　延不絕的沙丘，美雖美，卻
讓西藏的土地更形惡化（下）

西藏的母親河雅魯藏布江，既有狂野濃烈的一面，也有清雅悠然的一面

一條通往楚布寺的快樂小路

　　這是一條前去楚布寺的路，聽說沿途景色優美，在拉薩市區晃到無處可去的我們決定前去一探究竟。

　　楚布寺位在拉薩西郊約70公里處，海拔4300公尺，是藏傳佛教噶瑪噶舉派的根本道場，也是大寶法王噶瑪巴的駐札地。現任第十七世大寶法王已在1999年12月出走印度追隨達賴喇嘛流亡政府，所以現在的楚布寺和布達拉宮相同，只有一群殷殷等待主人歸來的虔誠藏人。

　　原本對路況不熟的我們打算租車去，但對用公里計費的越野車而言，這條路的利潤太少，司機出車意願很低。後來總算讓我們問到，大昭寺前每天清晨有巴士直駛楚布寺，且當天來回。

　　清晨六點多，一臉睡眼惺忪的我們為了搶得好位子，早早就出門等車。在西藏搭乘大眾交通工具，常有許多不確定性，所以直覺和經驗判斷很重要。果然，當我們抵達大昭寺廣場時，要前往楚布寺的巴士已坐了不少藏人，待我們上車沒多久，座位全滿。車裡不僅人多，家當也多，各式裝滿農作物和行李的大布袋將走道塞得密不透風，車廂擺不下的東西，繼續丟到車頂用繩子綁緊。哪來這麼多布袋？我真摸不著頭緒。

　　因為太早起床，車子還沒駛離拉薩我們已沈沈入睡。不知過了多久，醒來時睜眼往外瞧，只見一片朦朧，用手擦去車窗霧氣，才看清楚我們正行駛在山間小徑，兩旁有著西藏少見的綠地，綠地再望過去就是高聳的山體，四處盡為縹緲來去的山霧所籠罩，來來去去間很有仙鄉的感覺。看來，我們是要去楚布寺拜訪神仙囉！

　　沒多久有藏人要下車，司機停車幫忙把笨重的行李卸下車。不遠

散落如綠洲村莊的藏族人家

處，只見一棟簡單的藏屋前方站著一名女子，臉上滿是笑意，對著下車的人不斷揮手招喚。車行一陣子，又有人要下車，下車的人同樣揹著行李快樂奔向前來迎接的人，從背影都能隱隱感受到他們之間的歡愉心情。此時我才恍然明白，原來車上的藏人是住在楚布寺附近的人家，在外經商或工作的他們此行是回來探親團聚的。

"因為有眾人的信仰和愛心在其中，這條路才會一路走來都是如此幸福快樂，雖然天冷卻很值得，在我的心中，它是一條「快樂的小路」，勝過我在許多國家走過的條條大路。"

於是，沿路我們就這樣不停地送乘客下車回家。每個人下車都是同樣的情景：快樂地往前飛奔、他的家人則在遠方興奮地用力揮手或跟著快步上來迎接。對他們而言，這是長久等待之後的團圓時刻，純真的他們自然是無矯飾地將心中的思念與喜悅化為行動，家的幸福感，莫過如此了。看著眼前的一幕幕動人影像，一股幸福感也濃濃地包圍著我，彷彿我也成了其中一員。

就這樣不斷地走走停停，我們也送完了一車子的人，最後只剩下我們一行三人和兩位要去楚布寺朝拜的老婆婆，以及幾個臨時上車的藏人。到達楚布寺時已近中午，空氣冷洌得讓我們不敢用力呼吸，司機說下午兩點車子會在原地載大家回拉薩，所以要準時上車。

回程車上依然滿是藏人，只有我們三個突兀的漢人。此時雨勢已停，天色開始轉亮，車上的藏人顯得特別興奮，彼此有說有笑的，加上司機的調皮兒子三不五時就做出一些特別動作，更讓全車藏人笑成一團；可惜我們聽不懂藏語，只能像呆頭鵝一樣坐著猜測他們的談話內容。

啟程沒多久，司機忽然停車，大半數的藏人也都跟著下車走到一旁田裡。本來以為他們是下車上廁所（在西藏常常是就地解決生理問題），卻又不太像，我轉身問後座的藏人究竟，才知道這群人是下車到田裡採豌豆去了。

原來，路兩旁盡是結實纍纍的豌豆田，藏人下車後直接鑽到田裡不停地將成熟的豌豆往懷兜、口袋裡塞，然後帶上車分送給所有人吃。可愛的藏人並未因為我們是漢人而不理睬，當場也傳給我們滿滿雙掌的豌豆。剛採下的新鮮豌豆香香甜甜的，十分可口，很容易就叫人愛上，所以藏人特別喜歡吃，在零食缺乏的地方，新鮮碗豆可以說是他們現成的零嘴。

當我們低頭吃豌豆時，不知道哪個搗蛋鬼居然把吃完的豌豆殼朝司機頭上扔去，結果沒丟準反而丟到旁人，前後座就此展開一場扔豌豆殼大賽，在豌豆殼不斷飛來飛去的同時，整車人也不斷發出咯咯笑聲，從車頭笑到車尾，好不快樂。我的同伴說，這一趟楚布寺旅好像是去郊遊，去程和回程都快樂無比。真的，和大門深鎖、人煙渺茫的楚布寺相比，這來回的沿途景致和所見所聞，實在是有滋有味多了！

在台灣，大寶法王擁有許多信徒，聽說前往楚布寺的這條路就是

由信奉大寶法王的陳履安先生和弟子們共同出資建設的。我想，就
是因為有這麼多人的信仰和愛心在其中，這條路才會一路走來都是
如此幸福快樂，有幸能來此一遊，雖然要早起，雖然天很冷，卻很
值得，在我的心中，它是一條「快樂的小路」，勝過我在許多國家
走過的條條大路。

沿途景象萬千，有荒涼的山野、翠綠的草原、雄渾的雪山、碧綠湖泊，還有綠油油青稞田

高原天路：青藏鐵路

> "對於青藏鐵路的建設，我始終是憂心忡忡，
> 　　　　害怕它將加速西藏和外在社會的同質化步調。"

　　青藏鐵路是中國耗時五年、為開發西藏而極力建設的交通成果，2006年7月1日正式通車後，更在全球掀起一股西藏旅遊熱。

　　青藏鐵路是西藏境內的第一條火車，因一路行走在青藏高原高海拔之地，故有「天路」之稱，它由青海省格爾木到達西藏拉薩，全長1142公里，其中有960公里行駛在海拔逾4千公尺的高原土地，途經的唐古拉山口海拔5072公尺，更是世界上海拔最高的火車站。北京、上海、成都、蘭州、成都等城市都有青藏火車路線，最後還是要行駛到格爾木，由格爾木一路南行抵拉薩。

火車車廂

　　對於青藏鐵路的建設，我始終是憂心忡忡，害怕它將加速西藏和外在社會的同質化步調。每次進入西藏，總會發現她又變了，種種人工痕跡正不斷掩去她曾經自然樸實的容顏，為了展現進步的事實，西藏正被強迫用不屬於她自己的方式去「接客」、「宴客」。相較於不丹政府有意識地在降低外來人潮和文化對於他們土地和子民的影響，那麼，西藏呢？

　　即使是藏人，對青藏鐵路的通車也有不同的見解，有人認為它是一種文化的入侵，也有人等待它帶來的便捷和大量開發機會。青藏鐵路的運作已是既成事實，每天帶入數不清的旅客也是一股不可擋

綿延不絕的崑崙山脈，傳說是西王母娘娘的居住地，果然很有仙鄉的氣勢（上、左中、左下）。渺無人煙的可可西里，是藏羚羊和野犛牛的故鄉，只有牠們能在這片環境險惡的土地生存（右下）

的旅遊趨勢，做為一個過客，我只能在心中默默為西藏祈禱，希望鐵路帶給它的結果是利大於弊，期待踏上這塊土地的人，心中對於不同的文化能夠給予高度的尊重和體諒，而不是瞎拚式的惡性消費和種種污染。

"做為一個過客，我只能在心中默默為西藏祈禱，
　　願眼前的震撼與靈性之美，還能繼續被保存到下一代、再下一代……
　　　　愛她，就要發自內心地疼惜她，因為，地球上只有一個西藏。"

我們的世界，已經迷失太多內在的東西了；此時，我們還可以到西藏去將它撿拾拼湊起來；未來，當西藏的一景一物都與我們相同時，還有哪裡可以找尋到桃花源呢？2007年6月8日，青藏鐵路通車一年後，我從西寧搭火車入藏，在沿路的山水間灑下我對西藏的祝福，願眼前的震撼與靈性之美，還能繼續被保存到下一代、再下一代……

愛她，就要發自內心地疼惜她，因為，地球上只有一個西藏。

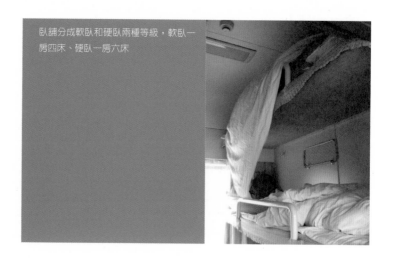

臥舖分成軟臥和硬臥兩種等級，軟臥一房四床、硬臥一房六床

攀越一山又一山的川藏公路

　　臨時起意下，第三次西藏行我和同伴決定走川藏公路離開西藏。
沒有事前做功課，以至於有些地方沒有稍事停留或深入探索，小有
遺憾；但，這一路饒富風情的景觀，卻仍讓人驚喜連連！

　　川藏公路從四川成都到西藏拉薩，全長兩千多公里，於1954年
12月25日和青藏公路同時通車，它是中國大陸318國道的西半段，
也是聞名於世的高海拔公路之一，大部分奠基於昔日藏人和漢人互
市的「茶馬古道」，沿途跋山越嶺上下迂迴穿梭於青藏高原險峻大
山間，人煙稀少卻景色萬千，望之不盡的峽谷、雪山、險川、草
原、湖泊、經幡、白塔、藏居，讓這趟路程本身也成為一趟令人嘖
嘖稱奇的旅程。

> "行走川藏公路一年四季風景分明，春天處處桃花，夏天綠意無限，
> 　　秋天青稞和樹葉形成一片金黃，冬天則是白雪茫茫。"

　　依行經路線不同，川藏公路又分成北線和南線，北線還可以細分
成大北線和小北線。一般所謂的南北線，從成都到新都橋路段是相

然烏湖畔的青稞架，秋天秋稞收割後就散放在架上曬乾　　牧民仍依傳統生活而行，是大地的忠實守候者

洶湧的怒江，土塊山體隨時都有崩場的危險

然烏湖畔的青稞架，秋天秋稞收割後就散放在架上曬乾（左上）。春夏時節川藏公路沿路野花處處、各式美景皆有，野生杜鵑花更是滿山遍野開放，創造出數大就是美的境界（右中）。藏東知名湖泊巴松錯，湖水呈奶綠色（右下）

同的，之後分開各走南北，直到西藏邦達交會後再一路向西直抵拉薩。北線經過的最高點是四川雀兒山山口，海拔5050公尺；南線經過的最高點是東達山口，海拔5005公尺。為了省時省錢，一般租車遊客都是走南線，但艱險度和景觀美麗度，卻是北線甚於南線。

> **"雨季時行走在時陰雨、時小雪的山區，雲霧繚繞間竟也創造出一幅迷人的景致，和炎炎酷夏難捱的城市比起來，真可稱為人間仙境。"**

走川藏公路進出西藏的最佳時節是五月、八月中旬至十月。六至八月是西部的雨季，土石流和山路坍塌頻繁，行路須特別小心；冬春之季，山上風雪大，許多路段結冰，狀況更遜於雨季，有時甚至無法通行。幸好，隨著公路的不斷開發建設，現在即使是雨季行走在川藏公路，危險性也比以往減少許多。而且，雨季時行走在時陰雨、時小雪的山區，雲霧繚繞間竟也創造出一幅迷人的景致，和炎炎酷夏難捱的城市比起來，真可稱為人間仙境。

川藏公路一年四季風景不同，春天處處桃花，夏天綠意無限，秋天青稞和樹葉形成一片金黃，冬天則是白雪茫茫。不管何時行走，只要能隨遇而安、靜心欣賞擦身而過的每一個景致，隨時都有驚喜出現。當然，一個好司機和安全性佳的交通工具，是必要的保障，不可不慎！

洶湧的怒江，土塊山體隨時都有崩塌的危險（左）。著名的怒江九十九拐公路，在數個大山間無盡迂迴盤旋，周圍時而可見塊狀的青稞綠地點綴（右）

文成公主的三千里愛情

　　像我一樣愛戀西藏不已的女子很多，當我們想到西藏旅行時，隨時可以搭乘現代交通工具前往，但在約1400多年前，卻有一位勇敢的漢朝女子願意風塵僕僕遠赴他鄉，以自己的幸福為賭注換取國家長久的威望和邊疆和平，精神感人。

"也許，我們這些愛到西藏流浪的女子，體內都流有若干文成公主的血液，
所以才會一而再、再而三回到西藏，去吸吮靈魂深處的渴望。"

　　國中在歷史課本讀到文成公主，只當她是一個人物名詞，直到在西藏看到她無所不在的塑像、深入了解她的故事後，內心對她湧現無限的崇仰之心，剎那間彷彿也感受到文成公主當年的悲與喜。也許，我們這些愛到西藏流浪的女子，體內都流有若干文成公主的血液，所以才會一而再、再而三想回西藏，去吸吮靈魂深處的渴望。

　　根據歷史資料，西元634年起，功大業大的吐蕃王松贊干布兩次派能言善辯、聰明機智的大臣出使長安向唐皇求親，以建立唐朝和吐蕃兩國間的良好關係。經過無數次為難後，唐太宗終於在641年同意和親請求，選擇皇室女嫁給松贊干布。於是，24歲從未出過遠門的文成公主在唐蕃專使和侍從的陪同下，就此踏上漫漫唐蕃古道，西行近三千里前去面對自己不可預知的將來和愛情結果（當時松贊干布已婚，所以文成公主是前去當王妃而非王后）。

　　這幾年的考古發現，文成公主其實只是一名皇室之女，並非真正的皇帝親妹妹。長相端莊又飽讀詩書的她，不願一生都被禁錮在皇室裡，於是自願出任和親人選。為了顯示她的重要地位，唐太宗特在成親前封她為公主。且不論文成公主的真實身份為何，光看她的

勇氣與膽識，就夠叫人佩服了。

　　想想，1400年前，交通是如何之不便、女人視野又是如何之有限，而她一位嬌柔、年輕又不曾吃過苦頭的皇家小姐，卻願意風塵僕僕、不畏艱險地前往異域宣揚國威，把自己的終身幸福交付給一個不知面貌氣度為何的異國君王，這需要何等的勇氣和信念呀？也難怪，藏人要視文成公主為綠度母的化身。

　　隆冬時節，文成公主一行人正式從國都長安（現在的西安）出發。他們除了攜帶豐盛的金銀珠寶、綾羅綢緞嫁妝外，還有大量的穀物蔬果種子、醫術藥材、天文曆法、佛教經典，成員則包含了隨從、樂士、農技人員，規模壯大有如今天的文化訪問團。行列中，還有一尊極其珍貴的釋迦牟尼12歲等身金塑像，現在供奉在拉薩大昭寺，日日接受信徒的香火朝拜。

　　文成公主一行人隊伍，有說走了一年餘，有說走了三年餘，才見

高高在上的雍布拉康，是藏王松贊干布為文成公主所建蓋的宮殿

到松贊干布的迎親隊伍。到今天，從長安到青海，沿路都還留有許多與文成公主相關的傳說和景點，位於青海的倒淌河和日月山，據說就是她西行到再也望不見長安故土後，流下的眼淚和打破的寶鏡所留的痕跡。

當容貌出眾、才德皆備的文成公主抵達吐蕃後，一下子就征服了松贊干布和藏族人民，沿途人人夾道歡呼、為她演歌奏舞，松贊干布更為她興建了雍布拉康、布達拉宮等多處宮殿做為休憩地。當然，文成公主很清楚自己肩負的使命，之後她不斷在西藏廣興寺廟、推廣漢地教育，並戮力於各種建設與活動，終其一生都在為弘揚佛法、發揚唐朝國威、建設吐蕃和改善藏民生活而努力。

"我彷彿看到她昔日的輕盈身影和不滅微笑，

看到她終生殷殷守候著這塊土地和其子民的真心。"

根據史書記載，松贊干布和文成公主共同生活三年後，年邁的松贊干布就辭世了。之後，唐朝雖曾派人要接文成公主回去，但都為她所婉拒，她認為生既已是吐蕃人，死也應為吐蕃鬼；於是堅持繼續留在西藏，為促進漢藏關係而努力，直到老死為止。

前後在西藏生活了三、四十年的文成公主，雖然在中國歷史上僅止於姓名留芳，但在藏區卻被視為綠度母的化身，每座寺廟裡都有她的神像，接受藏人的香火膜拜，她的故事更在西藏一代傳過一代，成為藏族歷史裡永難磨滅的人物。

站在文成公主的神像前，我彷彿看到她昔日的端莊身影和不滅微笑，看到她終生殷殷守候著西藏這塊土地和其子民的真心。一段灰飛煙滅的歷史，一個讓我深深折服的漢族女子，也讓我對西藏的感情更加深厚了。

【註】相傳度母是觀世音眼淚的化身，藏傳佛教裡共有21種度母，綠度母是其中一種；藏人認為文成公主是綠度母的化身，松贊干布迎娶的另一位尼泊爾尺尊公主則是白度母的化身。

生不逢時的達賴六世：倉央嘉措

　　達賴喇嘛屬於藏傳佛教的黃教（格魯派）系統，因教義嚴謹，逐漸統領藏傳佛教各教派成為西藏政經中心的領導著，並透過「活佛轉世制度」繼續著他在佛學的修行和對民眾的渡化與領導。

　　歷任達賴喇嘛中，以六世倉央嘉措的故事最為悲淒動人。第一次聽到他的故事，我的眼淚也簌簌落下，原來，達賴喇嘛除了佛學的磨練外，更有著情感身世的挑戰；原來，不只凡人會為情所苦，連達賴喇嘛都有走不出情關迷惑的時候。下凡為「人」，果真是一段艱難的歷練呀。幸好，命運多舛的達賴六世雖未在宗教上有所成就，但文采出眾的他卻留下無數精彩詩篇，讓後人能永遠記憶並歌頌他的短暫存在。

> "一隻被囚禁在布達拉宮裡的鳥，只能遠望藍天嚮往自由的滋味，
> 卻無法展翅自在飛翔。"

　　西元1682年（清康熙21年），五世達賴喇嘛圓寂，根據活佛轉世制度，輔佐者應該立刻尋找轉世靈童繼位為達賴六世。但是，當時的五世輔佐者第巴桑結嘉措因政治局勢和個人野心，始終不對外發喪，所以沒人知道五世達賴圓寂的消息。不過，他還是私下派人尋訪轉世靈童，並嚴加保護。

　　1696年清朝康熙皇帝出兵親征新疆噶爾丹，從噶爾丹口中得知五世達賴圓寂多年的消息後大為震怒，桑結嘉措才趕緊安排靈童入宮之事，並在隔年舉行坐床儀式，此時出生於農家的六世達賴喇嘛已是個15歲的翩翩少年，並擁有一顆凡人心。

　　出生於紅教家庭的倉央嘉措，未入宮前是個多情且快樂無憂的小

僧人，而且紅教僧人是可以結婚生子的，所以他已有一位情投意合的情人。被迎入布達拉宮成為黃教領袖後，他被迫和兒時情人、玩伴分離，每天過著嚴謹且充滿繁文縟節的僧人生活，每一天對他而言都是枯燥難熬的。

更不堪的是，倉央嘉措雖是位於萬民之上的達賴六世，但實際的政權卻被總管所把持，倉央嘉措成了總管行使政權的有形傀儡。於是，他就像一隻被囚禁在布達拉宮的鳥，只能遠望藍天嚮往自由的滋味，卻無法展翅自在飛翔。

"感情豐沛的他，更藉著一首又一首的詩文
　　　　發洩心中無限的苦楚和不為僧人所容的少年情愁。"

不堪於政治上的被利用，又無法忘記青梅竹馬的紅顏，倉央嘉措數度想放棄達賴身份回歸平民，卻不被接受，最後他只好把自己放逐於酒肉歡場之間，以假扮的身份偷偷流連於拉薩的市井生活。感情豐沛的他，更藉著一首又一首的詩文發洩心中無限的苦楚和不為僧人所容的少年情愁。

位於大昭寺附近的瑪吉阿米餐廳，就是當時倉央嘉措接觸市民生活、會情人、書寫詩歌、喝酒飲樂的地方。只有在這裡，化名為唐桑旺布的他，才能暫時忘卻身為達賴喇嘛的痛苦生活。

此時，他再度遇見一位傾心的姑娘，枯萎的心逐漸受到滋潤。倉央嘉措深知自己的身份無法擁有愛情，但他卻又無法拂逆內在的情感，於是內心不斷被愛情和佛法兩個不同方向的力量猛烈拉扯著，無法止息。

　　若隨美麗姑娘心，今生便無學佛份，
　　若到深山去修行，又負姑娘一片情。

　　那一天，我閉目在經殿的香霧中，驀然聽見你誦經中的真言。

那一月，我搖動所有的經筒，不爲超渡，只爲觸摸你的指尖。

那一年，磕長頭匍匐在山路，不爲覲見，只爲貼著你的溫暖。

那一世，轉山轉水轉佛塔，不爲修來世，只爲途中與你相見。

倉央嘉措最爲人津津樂道的故事之一，就是在半夜下山尋歡作樂，直到清晨才回到布達拉宮，成串的腳印留在雪地上，讓眾人從此知道他的行徑。

黃昏去會情人，黎明大雪飛揚，莫說瞞與不瞞，腳印已留雪上。

瑪吉阿米的留言簿留載了各方旅客有情有味的文字和即興塗鴉

1705年，桑結嘉措和拉藏汗爆發戰爭，桑結嘉措被擒，拉藏汗向皇帝密報倉央嘉措的行爲舉止，達賴六世因此被罷黜。隔年，他被清廷押解入京治罪，行經青海途中卻突然下落不明，有人說他投海自盡，也有人說他在隨從幫忙下祕密逃走，從此在藏地和蒙古過著潦倒不如意的生活。這一年，倉央嘉措24歲，一生幾度想掙脫的達賴六世身份，終於可以正式卸下。幸或不幸，實在難言！因爲下落不明之後，眾人只能根據他的詩文「白鶴借我翼，遨翔在雲宇；我將不遠去，到理塘就還」，前往理塘尋找下一世轉世靈童。

不管生命最後的結局爲何，達賴六世溫文儒雅、多情多才的形象已深植藏人心中，後來即使乾隆重立達賴六世，也被藏人改稱爲達賴七世，倉央嘉措才是他們心中永遠的達賴六世。倉央嘉措一生創作的無數詩歌，更在藏區被編纂成各種歌謠不斷傳唱四方，做爲他曾經來過世上一遭的證明。

位於八角街的黃色屋子瑪吉阿米，多年前已被藏人改建成一家時興餐廳，成爲遊人到拉薩必訪的景點之一。餐廳裡，雅致的布置和遊人圖、文並茂的留言，也算是延續倉央嘉措的才情之爲。

雖然達賴六世的故事已隨著浮雲飄散四方，但在瑪吉阿米品一杯茶、吃一頓飯，望著窗前腳步不停歇持續轉經的藏民，心還是會被

倉央嘉措淒美的故事觸動著。管他故事裡有幾分真、幾分假，逝者
已矣，人生不過如此。

達賴六世倉央嘉措的故事已隨風而
逝，如今僅留八角街上的這棟黃色瑪
吉阿米餐廳供後人懷想追念，並且遠
眺八角街日日虔誠轉經的藏民。

紅衣僧人，紅得如此有風情

西藏旅行期間，最能吸引人目光的，是那四處可見的一抹紅。不論是在豔陽下或山谷間，不論是信步穿梭或坐立經堂唸經，那一抹紅總是紅得如此燦爛，紅得如此有風情。

篤信藏傳佛教的藏人相信，家中若有一位出家人，是無比的光榮。於是在牧民或鄉下眾多子女的家庭裡，總會有一位男子出家為僧。

我遇到的僧人，絕大多數都是從小就出家，而且是自願出家，他們會出家的緣分都很奇特，有人是從小就喜歡到廟裡走動，有人則是喜歡唸經、親近僧人，或是從小就不喜吃肉、有著僧人般氣息。於是小則六、七歲，大則十餘歲，他們就到廟裡正式出家為僧，過著一生與佛法經書相伴的日子。

這種從小就決定要出家的認知，實在很讓人佩服。想想，我們從小雖然常說長大後要當老師、當太空人、當空中小姐，但純屬不懂世事的童言童語，長大後會當真朝此方向前進的人有限。現今就算大學畢業，許多年輕人仍對自己的人生懵懂無知，也不知內在的真正喜愛為何，非得歷經幾年現實社會的磨練後，才能琢磨出一條可以長久發展的道路，而且這條路有可能是為「出頭」而考量，並非真是心中之所願。這和僧人的從小立願歡喜出家的歷程相比，真是天壤之別！

在西藏當僧人並非容易事，顯宗、密宗各式各樣經書都要深入研

讀、融會貫通，讀經之外還有辯經檢測學習成果。生活在寺廟裡，平時還得負擔寺裡相關的管理看護工作或粗力活。而且，西藏的寺廟幾乎都位於陡峭山間，經堂、大殿、宿舍等建築僅有石路小徑相通，僧人每天要抬水、揹物上下其間，個個都練就一副結實身材和飛快腳步，夏天看到他們露在紅衫外的結實膀子，會不由自主地發出讚嘆聲，這可是健身房練不來的成果。

不過，在無盡的學習和生活勞動之外，僧人的生活其實也很簡單。觀察僧人如何過日子，有時也成為我旅行的新發現。

> "我遇到的僧人，絕大多數都是從小就出家，而且是自願出家。觀察僧人如何過日子，也成為我旅行的學習。僧人種花、養貓點綴生活，或坐在空地、草皮上曬太陽。人生，他們不也如此一路走來了嗎？世界風風雨雨，於他們又有何干呢？"

年輕的小僧人，活潑好動，對外界的事物滿腹好奇，在廟裡的腳步更是飛快急躁。在夏河拉卜楞寺，我們看到一個手拿泡麵從外飛奔進入宿舍的12歲小僧人，好奇之下硬生生把他攔截下來拍照，雖然言語不甚通，但可愛的他善解人意讓我們拍照，還帶著我們進入宿舍東瞧西瞧。在他稚嫩的心靈裡，世界的繁華一概與他無關，唯一他感興趣的只是偶有不同零食可供解饞。

相較之下，桑耶寺的小僧人就調皮多了。當時我在陰暗、少人的大殿參觀，突然覺得脖子被某種東西碰了一下，本以為是頭頂老舊木頭在滴水，刻意避開，沒想到又再發生一次，頓時讓我心裡覺得怪怪的。沒多久，聽到大殿中央有個小僧人在唏唏嗦嗦偷笑，手上還拿個小石頭，我才恍然大悟用手指著他：「剛才是不是你用石頭丟我？」他邊笑邊承認，再次讓我見識到小僧人調皮好動、好奇想與外人互動的一面。

甘丹寺裡，正值青春期的青少年僧人，展現的又是不同程度的自在。這裡的僧人，有一部分竟是理小平頭、穿運動休閒服的青少年，讓我十分訝異，經過交談後才知，他們是附近的高中畢業生，

在西藏,不管是寺廟或街道,處處可見紅衣僧人的身影。不同年紀的僧人,有著不同的舉止,透過鏡頭,每張都有不同的語言與意境

後藏地區的僧人臉上有著更多的靦腆和好奇

剛進到寺裡，因平時要整地勞動，運動服比較方便；一旦唸經或學習時，還是要換上紅色僧衣。下山時，我們請一個談得來的僧人共飲酥油茶，這位言語間略顯神氣的18歲僧人告訴我們，一輩子都會以當僧人為傲。雖然心向佛法，但他對外面世界可一點都不陌生，還說自己很喜歡聽周杰倫的歌，說著說著臉上竟有著粉絲的神氣，這也才讓我明白：原來佛經和流行音樂是可以並行在僧人心中的。

再來看看那些已在寺廟度過大半人生的中老年僧人，他們的心境又淡泊得讓人羨慕。平時，這些中老年僧人以種花、養貓點綴生活，所以寺廟和僧人宿舍窗前常可見各種花花草草，雖然只是天竺葵、酢醬草、玫瑰等簡單花草，吸收自然之氣後卻綻放得熱鬧多彩，也為單純的空間增添無限色彩。至於僧人懷中的貓咪，不知是否因地利之便可以每天接觸僧人、聽佛法，感覺特別安靜乖順、有靈性，看人的眼神也很不一樣，沒有一般貓咪的高傲睥睨、不可一世或刻意逃避人群，反而以牠輕輕柔柔的眼神與人的目光自然交會，然後再緩步行走於路上，那姿態和不急不徐的氣韻，和老僧人幾乎無兩樣。

偶爾，老僧人會三三兩兩坐在空地或草皮上曬太陽，眼光沒有特意要注視哪裡，只是自然飄落於一個定點。滿布皺紋的臉龐，見不著對飛逝歲月的恐懼，也沒有對人生無盡追逐的悲嘆，有的只是自在祥和的笑容，彷彿那一抹微笑從嬰兒時期就定在他們臉上不曾消失過。老僧人的每個動作都是輕緩的，如貓兒般輕緩無聲；對他們而言，眼前的路再長、再難走，緩步細行後還是能達到的。人生，他們不也如此一路走來了嗎？世界風風雨雨、西藏日新月益，於他們又有何干呢？紅塵諸多變化，不就是佛法裡所謂的「無常」嗎？物是動的、心是靜的，平心以待，心裡又何來波瀾呢？走入僧人的世界，才發現，「靜心」果真是一門無止境的功課。

【註】眾人習慣用「喇嘛」統稱藏傳佛教僧人，其實是一種誤稱。在藏區，「喇嘛」屬於高僧的稱呼，一般僧人僅能以「僧人」或「和尚」相稱，不能隨意稱為「喇嘛」。

現代僧人的另一面

　　2006年在色拉寺亂晃亂拍照時，遇到穿著紅色僧服、手捧一疊小碗的師父和善地跟我們打招呼。

　　「師父您要去哪兒？」

　　「我剛做完法會，要回房間。」

　　師父這一句回答讓我心喜不已，從來沒看過僧人房間的我，腦海頓時浮出一個念頭：「師父，我們可不可以跟您回房間坐坐？」

　　果然，這個無厘頭的問題讓師父不知所措，沈默了半晌。但，好奇寶寶不想失去大好機會，又繼續厚著臉皮問：「師父，我們是從台灣來的，沒去過僧人的房間，可以跟您回去坐坐、看看嗎？」

　　"一句問答，師父回答：「我剛做完法會，要回房間。」我問：「師父，我們可不可以跟您回房間坐坐？」一段無心插柳的緣分，成就了一份難得的友誼，也讓我有機會從不同角度深入體會現代僧人的生活與精神面。"

　　老實的師父不知道如何拒絕我這奇怪的問題，最後只好帶點小尷尬地領著我們兩個女生回房「參觀」，途中還得不斷跟其他錯身而過的僧人解釋：「她們是台灣來的，去我房間坐坐。」

　　一路上聊天得知，紅衣師父(註)16歲到色拉寺出家，不知不覺已過了二十餘個年頭，現在是色拉寺的中堅僧人之一。自稱從小沒上過學、沒念過書的師父，普通話完全靠自修而來，難得的是他沒有一般藏人的口音，初見面時我還誤以為他是漢人。

　　紅衣師父的房間位在寺廟後方某棟僧人宿舍的二樓。推門進入，首先是約一坪大小的廚房，有簡單的爐具可供烹煮；再打開一道內門，才是師父的房間，三、四坪大小的空間擺了兩張大型藏式長

椅，一張當床、一張當讀經打坐的座椅，兩個長椅間則以大木桌相
隔。除了桌椅外，房間裡還有兩個擺滿各式各樣的經書和供佛大水
碗的書櫃，靠門處有一台大冰箱和電視。

　　進房沒多久，紅衣師父的手機響起，趁著他到廚房講電話的空
檔，我和同伴很有默契地像狗仔隊般掏出相機東拍西拍。這房間雖
簡單，但兩扇木窗讓它明亮通風，還能遠眺群山，十分怡人。師父
特意在陽台種了兩盆花，夏天時怒放的花朵在藍天、微風下搖曳舞
蹈，別具風情。

　　師父回房後，我們隨意聊天，我的手也順著桌子指過去：「師
父，您怎麼會有這個？」

　　順著我的手指看過去，桌上有一台半舊的Toshibanotebook，紅
衣師父笑呵呵說：「這是一個台灣朋友的舊電腦，他不用就拿來給
我用。在這裡偶爾可以收到訊號無線上網，只是訊號很不穩定。」
哇，看到僧人講手機我已經很吃驚了，沒想到他們也和我們一樣會
透過電腦獲得現代資訊，看來我真把他們想得太原始了。

　　沒多久，好奇寶寶我再度有新發現，這次目標是在冰箱上方的小
型接收器。「師父，冰箱上的接收器是做什麼用的？」

紅衣師父的半舊筆記型電腦，裡面輸入了許多藏式經文

這下，紅衣師父微微有點臉紅地回答：「(06年)最近有世足賽，山上收視不好，裝個接收器才可以看清楚央視體育頻道的球賽轉播。」為了避免我們誤會，紅衣師父還特別強調接收器只用來看世足賽。

原來，僧人真的很喜歡足球。由不丹導演宗薩仁波切拍攝的「高山上的足球盃」電影，就在講述幾位愛看足球賽的小僧人如何瞞著老僧人偷偷存錢買電視看球賽的過程，看來僧人愛足球是不分年齡的！紅衣師父還告訴我們，色拉寺也有一支足球隊，三不五時他們會去體育場練球，偶爾也和拉薩的大學生來場比賽。不過，出門前可得先向廟方提出申請，廟方同意後才能成行。

因為紅衣師父還要忙下午的法事，在短暫聊天、喝過師父添的酥油茶、交換過電話和email後，我們起身和他道別。可惜三個月後，師父的手機和email紛紛失效，我們和師父就此斷了音訊。

隔年再度入藏，前往色拉寺尋找紅衣師父成了我想做的事。前一年離開西藏後，同伴把拍攝的數位照片沖洗出來要我寄給師父，但被忙碌的我一再耽擱，從上海搬回台灣，又帶到廈門，卻始終沒寄出去。2007年意外入藏，我決定帶著這批照片同行，希望親手交給紅衣師父。

憑著照片和片段記憶，該如何尋找紅衣師父呢？在色拉寺買好門票，我把照片亮給賣票的僧人看，幸運地，在色拉寺二十餘年的紅衣師父認識的人不少，門口的僧人一看到照片就認出師父。於是，請他在信封寫下師父宿舍的藏文地址，我繼續入內進行超級任務。

經過一再詢問，終於在某個房屋轉角處看見三名正在理髮的僧人，帶路者指指他們後就離開不見人影。一年不見，眼前的僧人又都穿著一般休閒服，我根本認不出誰是紅衣師父，突然，臉上的一個記號讓我得到啟示，就是這個僧人啦，我興奮莫名地跑上去大喊：「紅衣師父，我是來找您的，去年兩個台灣女生去你房間坐了一下，還記不記得？」

　　顯然地，正在幫其他僧人剃頭的師父早已忘了此事，一臉狐疑，直到看到我遞到他眼前的照片才恍然大悟：「記得記得，對對對，就是妳、就是妳。」

　　剃頭活兒正好告一段落，師父領著我們直入他的辦公區。拿著去年的照片，紅衣師父一張又一張仔細端詳著，嘴裡還不停發出藏人的口頭禪：「對對對，就是就是」，跟我一樣充滿重逢的喜悅。的確，誰能想到一年前偶然路過認識的人，一年後會抱著相片再度上門相見呢？對於這個意外而來的緣分，師父整個下午都以「想不到、太難得了」的字眼來表達。

　　聊天之餘，師父還帶領我們參觀進行中的整修工程，接著又問我們要不要去他房間坐坐？哈，舊地重遊，我自然是十分樂意，而我這次的新旅伴正好也能有機會瞧瞧僧人的房間，也許一年後換成她到色拉寺來送照片啦，哈哈。

　　這次，師父的房間多了一位爸爸，還多了一隻小鳥。爸爸是從鄉下來探親的，小鳥則是樹上掉下來受傷後，被師父撿回來療養的，待牠傷好後，師父會讓牠再度回歸自然的。

　　聽不懂普通話（國語）的師父爸爸，正虔誠地邊唸經、邊轉動手上的轉經筒，聽著師父說明我們的來由，再看著師父手上的照片，他也笑瞇了眼，並不斷要師父為我們添茶水、送青稞零食，果然是傳統可愛的藏人家，有什麼東西都會無私地拿出來和客人分享。

"西藏與我的緣分，就是這樣沒有止盡、時時有新領悟。"

　　之後，師父還要出門到拉薩市區辦事、順便幫鳥兒買籠子，沒什麼行程的我們決定陪他出門，也藉機深入認識僧人的日常生活。

　　在店裡買鳥籠時，預算不多的師父始終堅持要買個大鳥籠，讓在旁幫忙殺價的我很不解，直到買完鳥籠走在路上聊天，師父才緩緩道出緣由。十多年前西藏宗教仍不自由，許多僧人因政治因素被抓入監服刑，當時師父也被拘禁在一個小得無法轉身的空間長達半

年，受盡折磨，讓他深刻體會到自由的重要性，所以堅持要給鳥兒一個很大的空間，以免有被囚禁感。師父的慈悲，當場讓我們感動不已，也看到西藏僧人真心信佛的虔誠。只要有心，再大的肉體折磨都無法撼動他們心中的信仰，這也是為何歷經諸多浩劫後，藏傳佛教仍能在西藏滋長茁壯的原因。

　　一段無心插柳的緣分，成就了一份難得的友誼，也讓我有機會從不同角度深入體會現代僧人的生活與精神面。西藏與我的緣分，就是這樣沒有止盡、時時有新領悟。

跟著師父上街買鳥籠，讓我對僧人心中的慈悲有了更深的體會

刻在大地的身影

　　出入西藏的公路上，有兩種人的身影常會讓我目光跟隨久久無法移動，一種是騎自行車（或摩托車）入藏的旅者，另一種則是餐風露宿、一步一磕頭緩緩邁向拉薩朝聖的藏人。

　　對赴藏旅客而言，西藏地處高海拔地區，不管走哪一條公路都很艱辛，而且在一路奔波投向高原懷抱的過程中，很容易因身體不適或調應不佳遭逢高原反應的侵襲。但是，卻有這麼一類旅者，擁有高度的自我挑戰精神與毅力，騎乘自行車上路，讓身體肌膚與青藏高原的低溫環境和周遭景物來個最無遮蔽的親密接觸。這樣的旅人我本以為是少數中的少數，到達拉薩後耳聽八方，才發現其實為數不少。

> "他們的心裡只有一個目的地，他們用自己的身體一步步丈量著大地，
> 用心中的宏願推動自己前進的腳步。"

　　年齡稍長的大陸人，會三三兩兩結伴騎著摩托車從家鄉地一路呼嘯奔向西藏懷抱。我們在布達拉宮排隊買門票時，聽到幾位遠從河南騎摩托車而來的四、五十歲中年人士大聲談論著沿路所見所聞，讓籍貫也是河南的我當場與有榮焉地認起老鄉來。還有一些正值青壯年的旅者，更大膽豪邁，他們將個人旅行用品架在自行車兩旁，一路騎著鐵馬穿越五、六千公尺深峻雪山，頂著烈陽風霜踏入西藏。

　　在達賴的夏宮羅布林卡，我們遇到兩位騎車前來的一中一外旅者，而且是一男一女，組合很特殊。老中是來自東北長春的老蘆，56歲，半退休的他為了體驗中國山水，決定騎車旅行，於是從長春

一路騎到北京，欲罷不能之下又準備從北京騎到西藏。中途，老蘆遇見和一群法國朋友要騎車入藏的瑪蒂，乾脆跟著結伴走；只是，瑪蒂騎行的動作慢，她的男伴常棄她不顧，最後變成老蘆留下來陪她慢慢騎，兩個人也成為好朋友，從北京、陝西、甘肅、青海走青藏公路入藏，前後騎了約一個月的時間。

老蘆說，一來為了省錢，二來青藏線很多地方杳無人煙，他們只能搭帳篷睡道班、吃著很簡單的食物。所謂道班，就是在青藏線沿途進行道路或鐵路維護的工程隊，他們的所在地，只能用「再簡單不過」幾個字來形容。

騎車穿越高海拔地區，例如：崑崙山、可可西亞無人區和念青唐古拉山，隨時都有遇到大風雪的危險，弱不禁風的單車與人在這樣的自然環境中前進，那份勇氣與堅持，光想就讓人肅然起敬。老蘆說，他們常常一天要騎上十幾個小時的路，騎到最後根本沒什麼感覺了；而且更慘的是，他和瑪蒂言語不通，沿途根本不能有什麼深入的溝通，兩人只能不斷低頭猛騎。當然，這樣子「操」車子，車子自然常常出毛病，這時候就只能靠自己或隨身攜帶的簡便工具處理。

唉，和他們的自我挑戰精神比起來，我那在朋友眼中帶點流浪性質和瀟灑人生的西藏自助行，瞬間升級成為「豪華之旅」，根本不

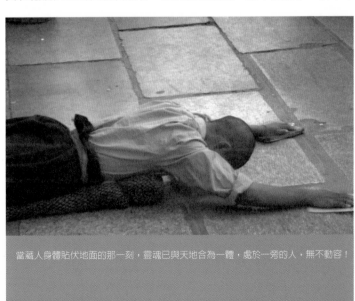

當藏人身體貼伏地面的那一刻，靈魂已與天地合為一體，處於一旁的人，無不動容！

敢在他們面前提起。我相信，這樣一趟旅程下來，將會成為老蘆和瑪蒂畢生難忘的經驗，日後當他們坐在搖椅跟兒孫講故事時，這一段經歷應該可以講很久很久吧！

走川藏公路離開西藏的日子，我又在沿途看到不少如老蘆和瑪蒂般的旅者，一前一後踩著單車入藏，而且很多是老外。與青藏公路相比，曲曲折折的川藏公路難度更大了，尤其是無盡陡峭的上坡路段和著名的怒江九十九拐公路，騎士所要承受的壓力和體力絕非常人所能體會的。這樣的夢想，這樣的行動力，讓我想到電影《練習曲》裡男主角說的一句話：「有些事現在不做，以後永遠都不會做了。」當然，這樣的事也不是人人都能做的。

另一種也是要到拉薩朝聖的藏人，更叫人敬佩了。手上兩塊木板、胸前一條牛皮長裙伴隨著他們用磕長頭的方式前進到拉薩。

在藏人心中，拉薩是個聖城，一生至少要前往朝拜一次，並親自到布達拉宮和大昭寺獻香油。於是，賣掉所有家當後，他們就輕裝上路，既沒有我們準備齊全的防寒衣物，更沒有安全舒適的交通工具。幸福的人，後有家人推小木車相隨，沿途照應需求；獨行的人，什麼行李也沒有，身上衣物就是全部所有。每天日出他們就上路，用身體一步步丈量大地，以心中的宏願推動前進的腳步，一步一拜，拜到倦了、累了，吃些簡單的乾糧，就近在山野間休息，隔天又繼續著路途。如此日復一日，心裡只有一個目的地：拉薩。

我們搭越野車走一趟川藏線要六至八天時間，藏人走一趟要多久呢？少則一、兩年，多則三、四年，途中若盤纏用盡，還得四處乞討、打工，好能再繼續上路。這樣的旅程雖是備極艱辛，甚至有生命危險（常有人因此喪生），但在他們風塵僕僕卻飽含堅毅的臉上，我看不著一絲怨尤或怯縮，勇往直前是他們共同的表情。好幾次，我噙著眼淚目送他們一步步遠去，不知該如何將自己的祝福送給他們，只好把祝福託給藍天和大地，願藍天和大地能護佑著這一個個虔誠的藏人，帶領他們平安抵達拉薩。

原來高原反應是上天美麗的賜予

　　地域遙遠和害怕高原反應，是許多人不敢輕易踏出步伐前往西藏旅遊的兩大主因，其中又以後者為要。其實，只要正確認識高原反應，並以平常心面對，高原反應並沒有大家想像的可怕。

　　2002年初在尼泊爾山區健行，我首次體會到高原反應。健行第二晚，室友身體不適嘔吐，滿是異味的房間讓我一夜無眠，加上高海拔、低氣溫，第三天早上醒來時，我幾乎是全身虛軟無力，走不到兩步就癱軟在地，最後只能由挑夫揹著我在風雪中繼續前行。趴在挑夫背上，那種頭痛欲裂和全身虛弱無力感，讓我有著濱臨死亡邊緣的錯覺。

　　同年八月要踏上比尼泊爾海拔更高的西藏，不僅朋友們不看好，我自己心裡更是七上八下，唯恐尼泊爾事件重演。於是，行囊裡塞了據說可以抗高原反應的黑糖和葡萄糖，從在雲南開始更是一路不斷求神拜佛，請他們務必要庇佑我路途平安。

　　也許是心夠虔誠，也許是逐步遊玩適應了高海拔，當時的我只在雲南老君山有過微微想吐的異狀，睡過一覺後不適感消失無蹤。此後，不管在任何海拔，甚至從雲南香格里拉搭機直飛拉薩，我都不曾有高原反應，反而在西藏當雄附近遇到一批乘車走青藏公路入藏的旅人，因不堪旅途疲憊出現高原反應，人人頭痛到有口難言。此事讓我發現，搭機比坐車更容易出現高原反應的傳說，並不完全正確，如果沒有好的體力狀況，沿路巔簸後，高原反應反而更容易上身的。

　　第二次入藏為了節省時間，從成都直接搭機入藏。飛機抵達拉薩貢嘎機場後，鄰座的先生有車子來接機，他好心送我們前往青年旅館，沿途卻因不斷跟他聊天，種下我高原反應的因。

　　抵達青年旅館、check in後，我和旅伴待在房間休息，以便讓身

體逐步適應拉薩的海拔高度和低氧空氣。才躺上床沒多久，我開始頭昏，呼吸也跟著急促起來，胸口更不斷起伏用力深呼吸，一口又一口，好像要把空氣裡的氧氣完全吸納進入體內。用力吸沒幾口，感覺很累，我刻意放慢呼吸速度，誰知竟然喘不過氣來，只好又繼續用力深呼吸，如此幾個回合下來，用力過度到整個人疲憊不已。

頭昏、氣喘，接著頭痛加劇，太陽穴兩邊彷彿被人故意強壓著，痛到不行。沒多久，新症狀輪番出現，我開始上吐下瀉，隔沒幾分鐘就要狂奔到洗手間大吐特吐，最後連胃酸都被翻騰出來了卻還不能停止。吐完，想喝點水補充水分，誰知道水才入口又馬上被吐出來，此時別說食物了，連水都難以下咽呀！

"到神佛的土地上，學習著用超脫的心情觀看肉身，才發現原來高原反應是上天美麗的賜予，它讓我們有機會深入認識自身的情緒和面對的肉體苦痛。"

應付完腸胃問題，還是得繼續面臨喘不過氣的痛苦。我躺在床上翻來覆去難以成眠，終於再度體會到高原反應的威力。從頭到腳全身的痛楚，讓我苦不堪言，萬萬沒想到用盡心思才成行的二度西藏行，竟是這樣的開端。

原本想用深呼吸和意志力戰勝高原反應的我，看著夜幕已逐漸落下，身體不適感卻愈來愈嚴重，不想因一夜無眠影響體力，最後只好舉手投降，請高原反應輕微的同伴下樓買氧氣瓶。

這氧氣瓶很像大型的髮霧瓶，在拉薩這個滿布國際旅客的城市裡，到處都能買到，算是平價商品；當然它是為旅客而備，藏民是不需要的。旅遊書裡都會提醒遊客，在西藏能不吸氧就不要吸氧，才可讓身體自然適應低氧環境；一旦依賴氧氣，高原反應會如影隨形。為了降低身體對於純氧的依賴性，我只有在忍到不行時才拿出氧氣瓶小小吸上一口，緩和一下喘不過氣的感覺，大約五秒鐘後立刻把氧氣口關掉，直到又不行了才再小小吸上一口。這樣經過四、五回合，氧氣似乎真的產生作用，大口喘氣的狀態逐漸緩和，胸口的起伏也明顯減低，疲憊的身軀終於在不知不覺間進入夢鄉。

一覺醒來，胸口已不再為吸不上氣而喘息不堪，看來經過一晚的休養後，我的肺部已逐漸找到屬於它自己的吸吐節奏，而一夜好眠也讓我的精神恢復不少，只剩下胃還沒適應，三不五時仍會想嘔吐。為了轉移注意力，我勉強梳洗，然後和同伴一起出門四處走走，經過半天的堅持，午後高原反應仍讓我不適，只好又回到床上繼續躺著。這樣經過三、四天的纏鬥後，終於戰勝高原反應帶來的各式症狀，身體不再有任何異樣，行走路線也一天高過一天，上山下湖如履平地般玩得不亦樂乎。

第三次入藏為了體驗不同的風光，我特意選擇最時興的青藏鐵路。照理說，火車是密閉空間，又有專屬的供氧系統，應該不易出現高原反應，但這次的火車路線，又讓我再度打破此傳說。

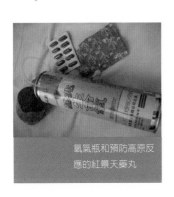

氧氣瓶和預防高原反應的紅景天藥丸

我們乘坐的是六人座硬臥車廂。火車才行駛過可可西里沒多久，車廂裡兩位來自日、韓的大男人開始出現嗜睡和頭痛，躺在床上無法動彈。接著，我的同伴也頭痛、無法下床；沒多久，高原反應看上我，原本還蹦蹦跳跳、有說有笑的我，突然奔到廁所狂吐兩次，最後也倒在床上頭痛、虛弱到無法言語，就這樣撐了七、八個小時，一直到抵達拉薩車站，在月台呼吸到西藏新鮮的空氣後，情況才有所舒緩。幸好，這次的高原反應並不嚴重，隔天早上醒來我和同伴都僅有微微頭痛，經過兩、三天的適應期後也自然痊癒。

經過這幾次高原反應的經驗，我對高原反應的認識愈來愈深，也才發現它其實並不可怕，只不過是身體適應環境的必然過程，只要是身體健康的人，高原反應的過程沒有出血或嘴唇、手指發黑等嚴重狀況，都無須擔心。用心與自己痛苦的肉體相處，冷靜觀看自己在痛楚中一呼一吸的當下，反而會是另一種新的學習和領悟。

到神佛的土地上，就該學習用超脫的心情觀看自己的身體，也唯有如此才會發現，原來高原反應是上天美麗的賜予，它讓我們有機會可以更深入認識自己的情緒和面對肉體的苦痛，只要能通過它的考驗，接下來的旅程是愈來愈有味。既然如此，高原反應怎能成為拜訪西藏的阻礙呢？

能歌善舞的快樂民族

　　藏族真是一個天生擅於歌舞的民族，曠野大地裡隨意飄出的音符，都美得讓人陶醉。

　　藏人愛唱歌，不管是牧羊或工作都歌不離口，其中的代表就是打阿嘎。

　　"藏人愛唱歌，藏人擅跳舞，是能歌善舞的快樂民族。"

　　藏式建築的屋頂由多種材料混合而成，蓋好後必須再用力敲打才能緊實；於是，建築工人們排成一長隊、人手各拿著一根下有圓形水泥塊的長棍，四處敲打屋頂將土夯實。原本這是極其無趣的工作，但藏人一邊歌舞、一邊工作自得其樂的過程，頓時讓枯燥的工作變得愉悅有勁，並且吸引無數目光，這種為夯實屋頂而唱唱跳跳的過程就稱為打阿嘎。

　　打阿嘎視工作男女人數的不同，隊伍也不盡相同。如果隊伍中有男有女，會採男女對唱的形式，男女先後輪唱，有點像山歌對唱，你一段、我一段，然後配合節奏向前邊踩腳邊敲打地面；走到屋頂盡頭時，眾人再動作一致轉到另一個方向繼續動作，如此一而再、再而三，直到收工為止。

　　打阿嘎的歌詞，有固定的、也有自行創作的，不管是哪一種，藏人都唱得激情昂揚，我想，工作對藏人應該是其次，歌舞才是他們願意投入工作的重點吧！

　　驅車去藏北那曲參觀賽馬活動，我們在場外又見識到藏人精湛歌舞的另一面。一群穿著亮麗傳統服飾的藏族男女，正圍起圈圈快樂

正在屋頂上熱鬧工作唱打阿嘎的藏族男女,歌聲嘹亮悠揚(上)。打阿嘎的工具很簡單,一根木棍加上水泥塊即可(左)

歌舞著。我一直認為藏人是天生的時尚專家，各式綠松石、瑪瑙做成的飾品穿戴身上，長長的頭髮編著細辮、輔以亮眼的頭飾，加上毛帽、毛外套、毛靴的帥氣妝點，真是無人不美，無人不靚。

"『打阿嘎』時，人人唱得激情昂揚，看著這群男男女女如此忘我投入，
**　　我不顧一切自己跑上去抓起兩個年輕女孩的手，就逕自加入他們的行列。"**

看著眼前男男女女忘我投入，我忽然有想加入的衝動，可惜我的同伴們沒人有感覺。又過了幾分鐘，實在忍不住，我不顧一切跑上去抓起兩個年輕女孩的手，逕自加入他們的行列。哈哈，那舞蹈並不算難，左踩右踩，很容易就抓住節拍。看到我這個陌生漢人的加入，藏人們並不為意，快樂牽著我的手一起跳著，並要其他友伴也加入。沒多久，一個男人突然用不太標準的普通話說：「我們唱，妳們也要唱。」天呀，向來就是五音不全的我，在藏人面前怎麼開得了口？頓時趕緊逃之夭夭，以免壞了台灣人的好名聲。我想，他們很難體會一個不會唱歌的人在他們面前是如何地自卑，就像他們很難想像，天下怎麼會有人不會唱歌？

之後在一次搭車途中，我認識了在藏族歌舞團表演、準備回家探望父親的卓瑪。在卓瑪的盛情邀約下，幾天後我跑到她的家鄉拜訪，想順便領略一下濃厚的藏族風情。可惜，卓瑪的家位於市中心、爸爸又在郵局工作，生活衣著都早已漢化，絲毫沒有我要的感覺。

離開前一晚，我被卓瑪和她的一幫朋友拖到迪斯可舞廳跳舞。看到一群原本該是在大草原上豪邁舞蹈的藏人，卻擠在舞廳裡上上下下無神蹦跳著，我心裡有股說不出的悲哀和難過，決定自己先回卓瑪家。

一踏入家門，才發現裡面熱鬧極了。原來，卓瑪爸爸晚上煮了大餐，正在宴請兄弟朋友。看到我回家，他親切地拿酒杯、碗筷要

我加入，愛鼓譟的我自然是樂意極了，當場拿起筷子大敲桌子說喊
著：「台灣同胞要看藏族同胞跳歌跳舞。」

抵不住我的一再鼓譟，卓瑪爸爸和兄弟朋友開始輪流唱歌跳舞，
不相識的我瞬間成為他們的座上貴賓，獨享眼前歌舞。無數杯白酒
下肚，一群人的歌聲愈來愈激昂、舞蹈動作也愈來愈揮灑自如，從
他們忘情的目光裡我知道，他們已重返豪氣萬千、馳騁草原的當
年。那一整晚，我和他們喝了無數的酒，為他們拍了無數的照片，
更陶醉在他們一首又一首的歌曲中，直到夜深，人靜。

夜晚躺在床上，卓瑪微笑告訴我，她的父親和兄弟朋友們已經
很久不曾如此快樂歌舞了。那一刻我才恍然明白，原來我這一次的
拜訪是為這一群人創造快樂而來；藏民每次都帶給我無窮的快樂，
偶爾，我也必須懂得回饋。想到不擅歌舞的自己，居然也有能力回
饋；那一夜，我睡得特別香甜，夢裡盡是滿意的微笑。

著傳統藏族服裝的藏人在布達拉宮前快樂歌舞留影

佛經，愈辯愈明

　　所謂真理愈辯愈明，這句話套用在藏傳佛教僧人的辯經課程，特別貼切。

　　藏傳佛教的僧人顯、密雙修，學習了各式佛經、佛法後，不僅要能倒背如流，還必須禁得起別人的百般詢問，才能說是真正體會佛法的意涵。於是，辯經就成為印證學習成果的最佳方法，在現今千百種宗教裡，也唯有藏傳佛教可見這種辯論學習法。

　　藏傳佛教的僧人，一生必須經歷無數次辯經，即使是高高在上的達賴喇嘛也不例外。十四世達賴喇嘛12歲時，面臨人生首度的辯經考試，當時的他必須和哲蚌寺三僧院、色拉寺二僧院住持進行公開辯經，挑戰性極高。1959年2月，達賴喇嘛又為了獲取格西學位（佛學研究最高學位，等同博士），在大昭寺前面對三千餘名僧侶進行公開辯經。

　　僧人辯經可以分成幾種不同的層級，現今藏傳佛教寺廟裡的辯經，大都是僧人的例行功課，每天皆有。雖然一般僧人的辯經課程不像達賴喇嘛那麼大陣仗，但也不能隨便敷衍，每堂課都會有老師在一旁察看，好與不好可都躲不過他的法眼。西藏寺廟的辯經課程，幾乎都會公開讓遊客參觀，只要循著聲音找去，絕對沒錯。拉薩的辯經又以色拉寺最為聞名，每周一至周五下午三至五點的辯經時間，也是觀光客大量湧入色拉寺的時候。

　　辯經場所通常位於室外樹蔭處，讓認真思索的僧人得以有一陰涼處遮蔽烈日。出席的僧人，人手一個紅坐墊鋪坐地面，然後兩人一組，或者三五人圍坐成一組，其中一人是主問者，手拿佛珠站在中間，其他人則坐著接受詢問。

　　坐著的人聽完問題後，必須認真回答，此時站立的主問人右手掌會由後向上高舉去用力拍擊在前方的左手掌，右手掌朝下表示答案正確，如果右手掌朝上，表示答案不對。不管對與不對，主問者會再繼續追問，試圖從不同角度考問當事人，或用不同的內容辯駁被詢問者。如果當事人覺得自己的答案是對的，就會激動地堅持自己的答案，或又急又快地蹦出更多支持的答案。當然，也有被詢問者一時語塞回答不出來，只好擠眉弄眼、搔耳抓髮，或者手掌遮臉、仰頭無語問蒼天，各式各樣肢體表情都有。

"當一群僧人近二十位散立於大殿空地前，突然，一個站在走廊旁觀的壯年僧聽到某少年僧自認是天下無敵手的答辯內容後，主動出擊挑戰。少年僧不甘示弱，當場大聲回應，壯年僧繼續從他的回答找疑點發問，雙方一來一往。"

　　辯經吸引人之處就是這一問一答的過程。隨著辯經咕嚕咕嚕的藏語聲，用力拍掌聲更是不絕於耳，彷彿聲音的力量也能形成懾人聲勢，強化答案的力度，形成一場聲音、影像兼具的生動場面。有的僧人聲不驚人勢不休，一堂課下來，雙手拍得一片泛紅，但他們似乎對此早就習以為常，絲毫不覺疼痛，反而愈辯愈興奮、欲罷不能。當然，課堂裡有好學生，自然也會有偷懶的學生，在辯經現場仔細觀察，自會發現許多沈默不語或慵懶打呵欠的學生，只能說：天下的學生都是一樣的。

　　我先後在拉薩色拉寺、山南桑耶寺、日喀則札什倫布寺、薩迦寺和甘南郎木寺見過僧人辯經，過程皆大同小異，偶爾有特別正式的場合，僧人會戴上黃色僧帽以示慎重。其中最讓我難忘的一場辯經，是在有「敦煌第二」美稱的薩迦寺所見。

　　當時，一群年齡大大小小不等的僧人近二十位散立於大殿空地前，本來是年齡相當的兩人一組相互辯經，彼此互不干擾。突然，一個站在走廊旁觀的壯年僧聽到某少年僧自認是天下無敵手的答辯內容後，主動出擊挑戰。少年僧不甘示弱，當場大聲回應，壯年僧

色拉寺辯經遠近馳名，僧人各式各樣的肢體語言，讓辯經的過程更生動有趣

繼續從他的回答找疑點發問，雙方一來一往好不精彩。沒多久，大概少年僧的組員覺得壯年僧有點大欺小，紛紛忍不住跳出來代替少年僧回答，年長僧的組員也輸人不輸陣，於是一場融合將近二十餘位僧人的團體大辯經就此展開，雙方往來聲勢之浩大，掌聲拍得之熱絡，連到廟裡朝拜的藏人也在門口笑彎了腰。雖然我們聽不懂他們辯論的內容，但從眾人不甘示弱的架式和一聲大過一聲的辯論聲和拍掌聲，仍能隱約感受到這場辯經的精彩絕倫。

深入辯經的世界後會發現，它不僅是一個熱熱鬧鬧的課程，還是一種極具效率的學習法，透過辯論，讓僧人學習從不同角度去圓滿驗證佛法的意涵，也強化自己心中的論點，為將來闡揚佛法奠定更紮實的基礎。真理愈辯愈明，果真一點都不錯！

下課囉，大家迫不及待衝出會場，果然天下的學生心情都是一樣的，空盪盪的辯經場只剩下紅色坐墊

轉經，藏人生命的原動力

在藏人生命裡，轉經就如同吃飯、睡覺般日日不可少。轉經的目的或是祈求，或是懺悔，或是積功德，依人依時有所不同。但不管目的何在，藏人無時無地都可以轉經，小從每天手拿小轉經筒轉經、大到繞寺廟的大轉經筒，或是繞著佛塔、神山聖水轉經。

曾經，我在八角街看到一幅難忘的畫面。老奶奶拄著柺杖緩緩地轉經，她的孫子則穿著一身nike運動服飾，邊拍籃球邊陪同奶奶轉經。不同的年代、不同的衣著、不同的轉經方式，卻不影響轉經前進的步伐。

藏人的轉經道上，還有各式經幡、轉經筒和瑪尼石伴隨他們，也藉著自然風力將經文傳送到更廣、更遠的天地。

風中漫天飛舞的經幡，是行走在藏區間最常見的彩色畫面；天地方圓間，五色經旗跟隨狂風不停地揚動，壯闊得讓人無語。經幡，又叫風馬旗，是由藍、白、紅、黃、綠五色布旗依序一組組交互結集成長繩狀，藍色象徵天空，白色象徵祥雲，紅色象徵火焰，黃色象徵大地，綠色則象徵流水。

"順動轉經筒，無窮宗教力。透過一長列轉動的轉經筒，
我看到了這股無窮的宗教力量，從此也愛走入轉經道一起轉經。"

藏人把經文或佛像印製在經幡上，再藉由風力的撼動產生類似唸經的效果傳送到天聽。藏地的經幡經乎是無所不在，神山、聖水、寺廟、住家頂端，處處都有它的蹤影，即使是高聳不可及的山壁都無法少。

各個寺廟的轉經筒，大小、花樣皆不一，唯有跟隨藏人身後一起轉經、推動轉經筒，才能深入感受轉經的魅力和在風中飛躍的神采

每天，北京路上盡是滿心虔誠朝拜的轉經藏人。
來到布達拉宮下方的轉經道，每天亦復如是

轉經路上經常可見的瑪尼石，也許僅是簡單石頭堆
疊而起的石堆、也許是刻滿經文的石頭，都滿載藏
人的虔誠心念

四處搖曳的五色經旗，是藏存於大自然間的彩色精靈，藉由風力將藏人的祈請帶向天聽

　　西藏地區的經幡，大部分是一根繩子橫懸於兩地之間，或者是無數的經幡結集成一個挺立於地面的金字塔狀經幡座；或者是廟宇或住家屋頂四方所豎立的竹狀經幡。偶爾可見白色直式經旗，一根根插在遼闊土地上，有如眾人向上舉起的雙手，等待上蒼的撫愛。

　　與西藏相比，川藏公路上經幡的排列組合就更變化多端了。有懸掛在公路鐵絲網上一面面沿路飄揚而開的白色經旗、也有如螺旋一圈又一圈密密纏繞的圓式經幡，在某些香火鼎盛的名寺附近還可以看到一層又一層不計其數的五彩經幡，鮮豔壯闊得讓人無法言喻。數大就是美，應當是指此吧！

　　和經幡有異曲同工之妙的另一種工具是轉經筒。每個藏人手上都習慣拿著個人用轉經筒，順時針方向邊走邊轉，小的約手掌大，大的則有手臂般長。除了這種個人轉經筒，廟裡還有巨大的轉經筒組成長長的轉經道，藏人邊走邊用手以順時針方向推動轉經筒下方的木托，藉此帶動轉經筒的旋轉，經筒每轉動一次，就代表唸了一次經。

　　每個寺廟的經筒大小、色澤和圖案不盡相同，有的簡簡單單，有的則瑰麗多彩，有如藝術家的創作品；其中，又以金銅色刻著六字經文的經筒最為普遍。第一次在布達拉宮轉經道看到長長不見盡頭的經筒，並不覺得有何特別處，直到見到它們經由藏民的虔誠撥動後一個又一個相繼在空中飛舞，有如一群滿具生命力的小精靈在上上下下跳動回應著藏民的請求。經筒的神力、藏傳佛教的生生不

息，在轉經筒此起彼落旋轉的那一刻，我忽然懂了。

　　原來，宗教的力量不在於神佛的多少，也不在於信徒的多少，只要心懷虔誠，就足以將普通事物化為神奇。透過一長列轉動的轉經筒，我看到了這股無窮的宗教力量和堅定信念，從此也愛走入轉經道跟隨藏人一起轉經。雖然我的力道不如藏人，無法讓轉經筒轉動久久，但那微薄的力量卻誠意不減。

　　除了經幡、轉經筒，在地質堅硬的西藏，石頭被視為靈性之物，不僅巨石嶙峋的山頭處處可見雕刻精美的佛像或唵嘛呢叭咪吽六字真言，還有用大大小小石頭或石片疊起的瑪尼堆。複雜的瑪尼堆由無數雕刻著經文的美麗石片綿延組成，最長可達數公里。簡單的瑪尼堆則是順手抓起地上石頭，一顆顆向上疊放，不須任何特別形式，只要讓石頭屹立不墜即可。經過瑪尼堆，以順時針方向繞行一圈，再繼續放個小石頭於上方，心意盡表。

　　有經文或神像的石頭，是藏民拿著斧鑿用最傳統方式一字一畫雕刻成。這些藏人可能目不識字，但刻出來的經文和佛像卻有名家的水準，每一件作品都細致莊嚴得讓人驚嘆連連！他們幾乎窮其一生都在進行這種雕刻功德，部分作品拿來獻給廟裡或聖地，部分作品則賣給外人賺取微薄收入維生。日復一日地雕刻累不累？藏民抬起黝黑的臉龐，嘴角現出一抹心滿意足的微笑：「敬佛的心，只有嫌少，誰會嫌多、嫌累呢？」

青藏高原的經旗五花八門，除
了常見的五色經旗，還有白色
柱旗、螺旋狀經塔等等

在藏區，有如藏人口頭禪的六字真言和各式神明刻像舉目可見，即使高山曠野，也少不了它們的身影，時時提醒眾人要誠心向佛

連神佛也感動的薩嘎達瓦節

釋迦牟尼佛出生、成道和圓寂日都在四月，所以藏曆四月對藏人徒而言是個神聖的月份（和農曆時間大同小異）。這個月，散居各地的藏民和牧民紛紛從居住地湧入拉薩拜佛、轉經和行善積德，讓觀光客終年不斷的拉薩再現濃厚藏味，4月15日的薩嘎達瓦節更是整個活動的最高潮。

這天清早三、四點，藏民就扶老攜幼在拉薩市進行大轉經，從羅布林卡路到布達拉宮，沿途人潮密密麻麻十分壯觀，有如一場世紀嘉年華會。有趣的是，很多藏族老人家不僅自己轉經，還會牽著或揹著家中的幼孫同行，有時連愛犬和豢養的羊兒都跟著帶上路，有人有獸，讓這轉經行列更具創意和人情味。

藏民忙著轉經，拉薩各大寺廟也不得閒，紛紛舉辦法會唸經回饋藏民的捐獻。法會的內容很特別，僧人在大殿唸經的同時還可獲得藏民的酥油茶和飲食供養；中途，藏民或寺院代表更拿著大疊大疊的人民幣一一發給出席唸經的僧人，少則數十塊，多則上百塊，彼此各有付出與收穫，可以說是皆大歡喜。

除了這種捐獻式的誦經法會外，有些寺廟還會邀請知名高僧舉行公開講經，此時不僅該寺僧人全體出席，他寺的僧人和各地老老少少藏民都會慕名前來，將寺廟擠得水泄不通。這幾天聽經的人全神貫注，寺廟廚房的工作人員和義工也沒閒著，要時時準備點心、酥油茶飲和甜茶供應眾人，廚房裡的大鐵鍋和爐火日夜不熄。

到了傍晚，夕陽換上一襲柔軟的金黃色淡裝，看似消散的藏民再度拿起佛珠和轉經筒走向大昭寺，彷彿是流向相同的水滴，最後在大昭寺匯聚成一股巨大氣勢。夕陽光暈下，每個人都被拉出一條長

薩迦達瓦節的黃昏，藏人不分男女老少紛紛走到八角街轉經，金黃色光暉將他們的身影拉得偌長

長的影子，成為石磚地上最美麗的圖像。

　　仔細看這些轉經的人群，很有趣。老人們，一如既往拄著枴杖、戴著帽子、揹著小布包，用日復一日相同的步調行走著，老媽媽的長髮彩辮上上下下揚盪，展現著不曾老去的活力。年輕的藏人，黝黑深邃的臉上雖然是一抹相似的靦腆微笑，但身上服飾卻明顯漢化、休閒化，有的穿西裝，有的穿T恤牛仔褲，邊走邊聊，彷彿是來和朋友談天敘舊的。至於跟隨大人的小朋友則穿著可愛的小碎花裙或小長褲，還有的騎著小腳踏車跟隨而行。傳統風塵僕僕的味道，在年輕人和小孩的身上都已不復見。

"在這再現濃厚藏味的薩嘎達瓦節，藏人扶老攜幼，
　　　　不管再忙再累都會設法投入轉經行列，轉經的血液永遠不會稀釋。"

　　一位年輕的藏族女孩告訴我，因為工作和作息關係，大部分藏人已無法如傳統般日日轉經，但在薩嘎達瓦節這種大節日，他們不管再忙再累都會設法投入轉經行列，持續藏人千古以來的習俗。轉經的血液永遠不會從他們身上消失。看著女孩美麗發亮的臉孔，我有著說不出的感動。是的，現代化的腳步再猛再烈，藏人的文化不是輕易就能被摧毀的，就像文化大革命，它可以推倒寺廟、砸毀神像，卻拔不去藏人深扎心中的信仰之根底。因為有這種盤根錯節的根柢，所以藏人永遠都能微笑拜佛、微笑看待生命、微笑繼續著生命的每一步。

　　晚間九點，世界各地的天空早已逐漸漆黑，拉薩的天空卻仍沈浸在薩嘎達瓦節的神聖氣氛裡繽紛多彩。大昭寺前方一片燦爛亮麗的紅色光影盤旋不散，上方則彷彿有好幾道佛光灑下，讓逐漸籠罩夜幕的天空變得格外亮眼，連續下了好幾天夜雨的拉薩，這一晚竟清明光朗地沒有一絲烏雲。

　　薩嘎達瓦節這一夜，藏人的虔誠連神佛都為之感動！

雪頓節曬大佛

　　雪頓節這個盛大的節日始於17世紀末葉，藏語意為「吃酸奶的日子」，在每年藏曆七月初一至初五舉行，藏人一早就全家穿戴整齊到廟裡看曬大佛、禮佛，再到公園搭帳篷野餐、吃酸奶、看藏戲，度過愉快的一天。這一天的拉薩，只能用萬人空巷來形容。

　　每個藏傳佛教寺院裡都收藏著一幅超大的佛像織毯，細緻繡著釋迦牟尼佛等各式佛像。平時這張大佛毯收藏在寺院裡密不見天日，一年只有在曬大佛節日才由喇嘛抬到山上進行公開展示，一來讓佛毯可以吹風曬日去除潮濕塵土，二來接受信徒頂禮膜拜，瞻仰佛光。

　　西藏的曬大佛，以哲蚌寺的大佛像最為震撼。平常空蕩蕩的展佛架，在雪頓節的清晨緩緩升起一幅巨大佛毯，跟隨東升的朝陽一起散放閃閃金光，光輝不遜日月。

　　第一次入藏，我們也是為曬大佛而去。為了搶得一個好視野，

哲蚌寺曬大佛的過程（上）；在喇嘛的協力合作下，佛像一吋吋顯現，最後在朝陽照射下發出慈祥金光（右頁）

　　一行人在清晨四點就摸黑出發，先從旅館搭計程車到公車指定點，再搭乘官方安排的公車上山。哲蚌寺位於西藏西郊山上，如果不搭車，可能得走上兩小時，所以車子再擁擠我們也得設法擠上。

　　一路從車窗往外瞧，只見曲曲折折的山路上早已布滿安步當車的藏人，那股輕鬆自在隨遇而安的從容，確實叫我們汗顏。幸好，佛祖之前人人平等，公車的行駛讓我們這班手腳遲鈍的俗人還是有機會參與曬大佛的盛典。

　　公車開到哲蚌寺入口處，眾人就必須下車買門票，再靠雙腳慢慢走向會場。天色仍一片黑暗，加上對場地不熟悉，我們只能融入人流、跟隨眾人腳步一路拾階而上。走到交叉口，有兩條路可供選擇，一條是通往大佛底下，可以就近向大佛頂禮，但無法觀大佛全像，於是我們選擇另外一條可以拍照、遠觀全場的道路。

　　清晨六點不到，哲蚌寺早已人聲鼎沸，我們也在密密麻麻的人群和專業攝影師群裡找到一處可以安坐觀賞節目的好位子。只是，清晨冷冽的風吹得人發抖，連瞌睡蟲都被吹得沒有蹤影。眾人不知活動究竟何時會開始，只好一直用聊天、呵氣來打發時間。偶爾，對面山頭人群會傳來陣陣騷動聲，原來是內地觀光客自行在呼喊造勢，既可打發時間，又可為曬大佛活動創造一些前奏曲。

過了一段時間，朝陽緩緩現身照亮對面山頭，讓金光下的山頭別具生命感，光的能量，真是不可思議。隱隱約約間彷彿聽到山腳下傳來聲響，果然活動開始了，群眾的情緒隨之高漲。山腳下，穿著黃色儀典僧服、頭戴高尖佛帽、有如螞蟻接力的喇嘛出現了，前方是吹法螺和各種藏式樂器的喇嘛，後方則是抬著佛毯的喇嘛，長長遠遠不見盡頭。

喇嘛俐落走在山徑上，熟練地將佛毯放置在展佛台上，並依事前分工同心協力地用一條條細線慢慢將佛毯往上拉，第一層拉起的是保護佛毯的白色底毯，第二層再往上拉，逐漸，大佛端坐的腳盤出現了，接著胸部、頭部也慢慢浮現，一直到整個布幔都完全拉起，偌大的佛陀無私地現身於每一位觀看者眼前，用慈祥的笑顏回應群眾的熱情朝拜歡呼聲。此時，藏人煨桑煙、獻哈達和著此起彼落的法螺聲、尖叫聲、口哨聲、閃光燈，共同炒熱現場氣氛，眾人情緒也飆到最高點，完全進入忘我境界。

> "那一刻，我不由自主地向著佛像屈身下拜，
> 　　　　領受這大自然與宗教互相交融所呈顯的完美一刻。"

沒多久，天光完全亮起來，佛像徹底被朝陽照透，黃橙橙、金燦燦的光線竟像是佛像射放出來的光芒，每一條光芒都是佛手的無限延伸，柔柔暖暖撫摸著在場每一個人，不分種族，不分年齡性別。那一刻，我不由自主地向著佛像屈身下拜，領受這大自然與宗教互相交融所呈顯的完美一刻。此時不管個人信仰為何，都會無言地臣服在這種肅穆清靜之中，這就是宗教之美，無須任何語言即讓人心悅誠服、淨無雜念。

如果沒有親自站在在冷冽晨風中親眼目睹群眾激昂虔誠的朝聖態度，如果沒有親眼看見哲蚌寺大佛被晨曦照耀而散發出金亮光彩，曬大佛將只是旅遊書裡的一個名詞，可想像卻不夠真實，可嚮往卻不夠震撼。我何其有幸，在佛祖生辰的馬年，能親自在哲蚌寺的曬大佛場面裡領受到佛光的照耀，與藏人同聲歡呼。

與藏人同行的山南朝聖

　　從沒參與過任何朝聖活動的我，卻因為搭乘從山南桑耶寺回拉薩
的巴士，有了與藏人一起朝聖進香的難得經驗。

　　桑耶寺位於山南，是西藏第一座佛、法、僧三寶俱全的寺廟，也
是藏南最重要的宗教聖地。此地建築依照佛經中的大千世界所建，
中央為世界中心須彌山，以融合了藏、漢、印三種風格的大殿為代
表；大殿外的四角分別有紅、白、綠、黑四座佛塔，代表四大天
王；四周還均勻分布著四大殿和八小殿，表示四大部洲和八小洲；
寺廟建築外牆上曲曲折折一座座的小型佛塔，則象徵著世界周邊的
鐵圍山。

　　每天清晨，大昭寺廣場有發往桑耶寺的班車，當天下午再原車
返回拉薩。早晨的車是直達車，下午的車會在山南兩個有「西藏之
最」稱號的景點昌珠寺和雍布拉康稍做停留，讓信徒順道下車拜
拜、添酥油、獻香火錢。搭乘這回程車的十有八九是藏人，偶有幾
個像我們這樣的自助觀光客點綴，稱它是朝聖之旅一點都不為過。

　　搭車的藏人又以中老年人居多，偶爾還有他們的兒孫同行。有些
藏人穿著傳統服飾，女人圍著彩色圍裙邦典，身上還飄著濃厚的酥
油味，彷彿是從時光隧道走出來的人。這些藏人很能隨遇而安，手
腕上沒有手錶，腦海裡也沒有既定行程，司機走到哪兒算哪兒，並
不急著非在幾點趕回拉薩不可。車子行駛時，他們或唸經或聊天、
嗑瓜子，車子到目的地就扶老攜幼下車，然後手拿酥油虔誠地一勺
勺添加在每個神像前的酥油燈座裡，讓酥油燈火持續通明不墜。對
他們而言，朝佛無非心誠氣定，其他沒什麼事值得罣礙了。

　　第一站的昌珠寺相傳是7世紀由松贊干布主持建造，距今有

1300多年歷史，比桑耶寺還要早上一百餘年，所以是西藏最早的佛寺。當年文成公主路經此地，還把刺繡技術傳授給當地婦女，讓她們先後繡出許多珍貴唐卡，其中一幅用金絲串著萬顆珍珠繡成觀音靜修像的「珍珠唐卡」最為珍罕，這也是昌珠寺的鎮寺之寶，造訪此寺廟的人幾乎都是為此而來。現在珍珠唐卡被置於寺內二樓最內部，小小一幅，遊客只能遠觀不得近看，一時間很難感到它的珍貴。

　　離昌珠寺約十分鐘車程的札西赤日山上，巍巍峨峨高聳著一棟白屋黃頂建築，有著高高在上的皇氣和孤單，這是我們的第二站：西藏第一座宮殿雍布拉康，它是松贊干布為文成公主修建的皇宮，兩人曾在此住過一段時間，現在已改建成一座小寺廟。

"因為心中有神，藏民的生活雖簡單卻是充實喜樂；因為相信科學，我們的生活雖繁華卻茫茫然，常在一天又一天的重複裡嘆息不已。賺的錢是藏人的N倍，但我們心中的快樂比他們多上多少呢？"

　　第一次到達雍布拉康，看著高高在上的它，心裡只能暗叫「媽咪呀」，因為山路實在太崎嶇難行了，全身戶外裝備的我們仍舉步維艱邊走邊喘，同車的藏族阿公阿嬤腳穿簡單布鞋、皮鞋，卻輕輕鬆鬆就和我們拉開距離揚長而去，讓我們汗顏到不敢抬頭。不過想想，這些阿公阿嬤從小就在青藏高原爬上爬下的，高山就是他們的田徑場，從小養尊處優的我們拿什麼跟人家比呢？自然是輸得心悅誠服！

　　一路上咬牙苦撐，好不容易走到雍布拉康的入口，兩條腿已像打擺子般抖個不停。幸好，辛苦地付出是值得的，站在高處放眼四望，山下一望無垠的青稞田一畦又一畦不見盡頭，已開始結穗的青稞在風中搖擺歡唱豐收曲，彷彿在預告豐收季的來臨。山後，成百上千條五色經旗在風中狂擺，彷有如在唱跳一首迎賓組曲，讓我們

隨車的藏人帶著一身濃厚的藏式風情

山南名寺桑耶寺

一路來的體力勞累也跟著消失殆盡。

數年後重訪雍布拉宮，路徑大有改變。經過不斷地開發，雍布拉康雖仍高高在上，但昔日的曲折難行已大減，簡便的道路縮短了民眾與雍布拉康之間的形勢距離，也降低了攀行的難度，曾有的那種仰之彌高、望之彌堅的崇敬心理，似乎正隨著歲月逐漸消失中。這種改變我不知道是好還是壞，但在人工化克服掉許多環境險阻的同時，心靈上的崇仰印記好像也正被逐一沖刷而去。因為沒有挑戰困難後的敬畏心，所以更無從體會古人曾有的一足一印和風塵僕僕。如果可以，我仍願選擇傳統的吃力苦爬方式，它提醒我在大自然面前，人應該懂得謙　敬天，才能與大自然和平同處。

參觀完雍布拉康，車子會直駛回拉薩。誰知，第二次的造訪適逢藏族薩嘎達瓦節，應藏族信徒要求，沿路又多停留好幾處寺廟。車上藏人個個露出虔誠愉悅的神情，彷彿是獲得無限加持，我們這些急於趕回拉薩安排住宿的觀光客，臉上卻不約而同出現小丸子的黑色線條。雖然我們很喜歡參觀藏族的寺廟，但一個下午連看四、五間，一時間也看得眼花撩亂；而且藏人進廟是免費的，我們每地得付三、四十塊人民幣門票，算下來也是一大筆支出呀！最後，又餓又累的我們只好選擇下車卻不入廟，一來省錢，二來省體力。

在等藏人上車的同時，我不得不佩服起他們。不管步履有多緩慢，他們總能一步一腳印地走完全程；不管口袋裡有多少錢，他們都會誠心地掏出來奉獻神明。在我們自己的世界，我們曾用腳步拜訪過多少地方？又把金錢奉獻給了誰？餐廳、百貨公司、還是無盡地吃喝玩樂？因為心中有神，藏民的生活雖簡單卻是充實喜樂；因為相信科技，我們的生活雖繁華卻茫茫然，常在一天又一天的重複裡嘆息不已。賺的錢是藏人的N倍，但我們心中的快樂比他們多上多少呢？西藏朝聖拜佛的同時，我在心中悄悄問自己這個問題。

生與死的功課：天葬

　　第一次聽到天葬是在國中的地理課程，老師在講台上有模有樣地講述著這種藏族獨有的葬法，她自己卻也沒見過。其實，大部分漢人都沒機會一睹天葬，大家只能耳聞後憑空想像。

　　2002年到西藏，青年旅館到處都是徵伴合租汽車去觀看天葬的紙條，我才恍然大悟，原來這也是西藏遊的「熱門節目」。當時我和同伴都沒有湊熱鬧的興趣，直到在拉薩結識的台灣旅伴力邀後，我們才決定跟去一探究竟。

　　位於墨竹工卡縣的止貢提寺，是拉薩地區唯一開放供遊客觀看天葬的地方，這裡也是世界三大知名天葬台之一。從拉薩前往當地約需三至四小時車程，大部分遊客為了省錢都選擇半夜出發，趕在天亮前抵達；但這一路盡是蜿蜒難行的山路，視線不佳之下行駛其實是滿危險的，而且三更半夜出門影響睡眠，我們一行人決定提早半天出發，先到止貢提寺住宿一晚，隔天再起床看天葬。觀看天葬必須靠運氣，並非天天都有往生者送到天葬台，所以有些遊客會敗興而歸；而且既然是重要觀光節目，遊客自然是要付錢買票的。（人民幣15元）

　　天葬前一天，死者家屬先把屍體運到寺裡接受喇嘛唸經頌禱，並在廟裡度過一晚。我們到達止貢提寺約是下午五點，一個被綑綁的「揹袋」已擺設在寺外廣場，喇嘛們正圍著它誦經，朗色師傅說這就是隔天要進行天葬的死者，頓時我們全噤聲不語。

　　山上的夜晚是寒冷的，晚上吃過泡麵無事可做，一行七人早早就在黑暗的房裡蒙頭大睡，直到隔晨七點多同房的朗色師傅起床大喊：「大家都上山去了！」我們才趕緊跳下床穿衣、穿鞋，顧不得

刷牙、洗臉、吃早餐，匆匆加入遊客的行列。真沒想到，前一晚寂靜無人的止貢提寺，一夜之間已湧入大量遊客，嘻嘻鬧鬧地彷彿要來出席一場盛會。

天葬場位於山頂背面，從止貢提寺沿山徑朝上走約需半個多小時，因山徑陡峭、海拔高，加上一早未進食肚子空空如也，每個人都走得臉色蒼白、氣喘吁吁，經過毅力和耐力的加持後，才勉強爬到山頂的天葬台。這裡視野極佳，周圍都是寫滿經文的五色經旗，十分壯觀，而且不像其他天葬台灑滿死者的遺物，所以很難讓人把它和「死亡」聯想在一起。

天未亮前，死者家屬和喇嘛已將屍體帶上山，正在一旁小房間煨桑煙、誦經，隨後趕來的觀光客們反而變得不知所措，只能就地發呆或聊天，靜觀其變。

約莫過了半小時，陽光愈來愈刺眼，前方開始有動靜。喇嘛打開上鎖的天葬場準備讓死者家屬入內，一群觀光客卻是你擠我、我擠你地想要搶先入內占位，把現場搞得亂糟糟，更失去對喪禮應有的尊重，看得我們直搖頭。也難怪漢藏之間總存在著難以化解的鴻溝，有些漢人對於藏人的民族性和習俗充滿一窺究竟的好奇，卻又缺乏從心而發的尊重和入境隨俗，衝突就時而可見，這點值得遊客引以為戒。畢竟，別人的傳統不是我們的文化能一言概之，用理解與尊重的角度以待，才是最佳共處之道。

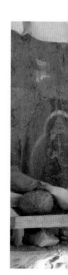

"當近百隻禿鷹不顧一切衝入現場，展開無情的你爭我奪場面，有的甚至為爭食而怒目相視、不惜大打出手。現場空氣再度因這場搶奪戰而塵土混濁，禿鷹纏鬥過程更是落毛四處揚散。"

天葬場中央是一個鋪滿石頭的圓形「工作區」，死者被安置在中間，一旁還有小型台子，是兩位喇嘛的「工作台」。工作區不遠處的小經堂，是剛才喇嘛誦經燒香所在，也是家屬歇息處。

天葬開始前，喇嘛先燃燒松煙，做為通知禿鷹的訊號。天葬是藏

人的傳統葬禮，禿鷹早就對天葬台的一舉一動瞭如指掌，也清楚明白自己在葬禮裡扮演的角色。藏人把禿鷹視為神鷹，牠們不僅可以將死者屍體吃食得乾乾淨淨，當牠們自身面臨死亡時，更會奮勇向天空直飛，讓身體肢解於半空中，不留遺體於塵世，很符合藏人進行天葬時「一切皆不留」的空無哲學。

聞到桑煙味的禿鷹，果然開始四面八方呼朋引伴而來，並沿著斜坡緩緩停落在草坪區，引頸等候牠們上場的時機。

時辰一到，喇嘛手拿長鉤、長刀，一刀劃開包裹著死者的外衣，一具赤裸手抱膝姿態採出生姿態的屍體躍入眼前，濃濃的腐屍味也隨之飄散在空中，讓每個人掩鼻閉氣。接著，喇嘛俐落地割下死者

身上的腐肉，並將長條狀肉條拋擲到工作區地面。這時，散布在空氣裡的屍腐味早已讓近百隻禿鷹蠢蠢欲動，死者家屬必須守候一旁抵擋這群看紅了眼、準備立即撲上去吃得痛痛快快的禿鷹，以免牠們擾亂了程序。

當喇嘛將死者的肉身割除得差不多後，家屬依勢撤退，近百隻禿鷹不顧一切衝入現場，展開無情的你爭我奪場面，有的甚至為爭食而怒目相視、不惜大打出手。現場空氣再度因這場搶奪戰而塵土混濁，禿鷹纏鬥過程更是落毛四處揚散。初次看到這樣的畫面，眾人掩著口鼻的同時都噤聲不語，或者是說震撼得不知該如何是好吧！因為畫面實在太震撼了，我有點受不了，只好退到上坡處遠觀工

作台的動靜；偶有不敢直視的畫面，只得以帽沿遮眼，讓自己暫時停止呼吸。觀看天葬，真的需要很大的勇氣，不僅是對於生死的了然，還有體驗肉身化為空無的肢解過程。

經過一番激烈爭奪後，屍肉幾乎被禿鷹搶食殆盡，喇嘛和家屬合力將意猶未盡的禿鷹趕出場外，繼續進行第二回合的處理。第二回合的工作要把被啃蝕精光的骨頭敲碎，加入青稞粉搓揉後餵給禿鷹吃，讓禿鷹把所有殘渣都吃光、不留絲毫碎屑。有些遊客太靠近喇

嘛的工作台，被敲碎的骨髓濺得一身而尖叫不已，這種血淋淋的殘渣，肯定是沒有人想沾惹的。

第二階段工作完畢，家屬再度讓路給等得快發狂的禿鷹入場搶食。眾禿鷹們搶的搶、啄的啄、爭的爭，現場又陷入一片混戰，直到工作區的殘渣都被吃食完畢，禿鷹們才三三兩兩離開工作區，或停留在遠方觀望，或在天空盤旋。顯然，喇嘛和家屬是很滿意這種什麼都不剩的結果。根據藏人的習俗，如果禿鷹無法把死者的屍肉全部吃掉，代表死者生前曾為惡，死後也無法順利投胎，所以喇嘛總要盡所能地讓禿鷹達成任務（偶爾還是會有失敗的例子）。

> "雖說死亡是一種解脫，但要能如此樂觀了然地讓親人肉體徹底回歸天地，
> 沒有眼淚，只有祝福，並不是一般民族做得到的。"

當禿鷹紛紛離開天葬台後，金色天光正好照亮山頂。此時，代表死者已經拋開一切重新誕生在某地，又成為一條嶄新的生命了。

歷經過一場不同文化所帶來的驚天駭地的教育，遊客們開始心有餘悸地沿原路下山，一路無語。雖說死亡是一種解脫，肉身了無用處，但要能如此樂觀了然地讓親人肉體徹底回歸天地，沒有眼淚，只有祝福，並不是一般民族做得到的。

一次天葬過程，讓我們看到了藏人對生命的深層灑脫，也對自己的生命有著不同程度的思索。明天，將有另一位死者和另一批遊客，重新經歷這樣的過程。明天之後，還有另一個明天，生與死的功課，有多少人能因此而真正領悟呢？

【註】藏人認為攝影機的鏡頭會攝住死者靈魂、影響投胎輪迴，所以觀看天葬過程是不准拍照的。2006年導遊告訴我們，前一年有一群外國觀光客在西藏參觀天葬時偷偷拍照，並把內容放到網路大肆批評流傳，幾乎演變成嚴重的國際事件，此後中國政府就嚴禁遊客到止貢提寺觀看天葬。現在，只能在甘南郎木寺或等少數藏區才有機會觀看公開的天葬儀式。

最有價值的一角錢

　　對於此生不斷在累積來世福分的藏人而言，生命中所擁有的每一分錢都應該拿來捐獻給寺廟，捐獻給他們深信不疑的神佛，也捐獻給路邊乞討的貧窮人家，好為來生求德積福。所以，「捐獻」是藏人生活裡很自然、也是隨手可行的一件善事。

　　於是，在西藏的角落裡，總可以看到藏人伸手向觀光客乞討，有些遊客會因此滿臉憎惡，覺得西藏到處都是乞丐，殊不知這些藏人乞討的目的無非是為了能有東西奉獻給神佛，一轉眼，他們已經把乞討所得「借花獻佛」了。（隨著西藏旅遊的盛行，愈來愈多藏人和僧人假借名目在知名景點向觀光客討錢，小孩子甚至死抱觀光客大腿不肯放，成為當地讓人頭痛的問題；給與不給，也成為考驗觀光客智慧的課題。）

　　在每個藏傳佛教寺廟的每個神像座前，總可以看到一張又一張人民幣一角、二角、五角或是一元的紙鈔，有些甚至已經滿溢到地上也是一層鈔票。這些錢都是來自於藏人和觀光客的虔誠奉獻，仔細瞧瞧，又以一角錢紙錢占居多數。

　　為什麼要用一角錢呢？因為，每個寺廟裡都有數之不清的佛像，為了一視同仁，自然是每個神像都要添點香油錢，這對虔誠卻又收入有限的藏人尤其是來自遠方的牧民而言，是一項挺沈重的經濟負擔，於是，最基本的一角錢就成了奉獻的主力，既可以展現對神佛的尊崇，又不會造成自己太大的金錢負擔。久而久之，到訪的遊客也就跟著入境隨俗，學藏人用一角錢到處朝拜奉獻。

　　如果手邊沒有一角錢，沒關係，先在佛像前放上一塊錢紙鈔，再自己動手從眾多紙鈔裡找零，要找多少盡隨你意，沒有人在乎你捐獻了多少錢，也沒有人監視你拿回了多

少錢，一切都是由心而發，量己之力而為，神明不會勉強你的。當然，在神的眼皮底下換錢，應該沒有幾個人敢大膽多摸兩張回去，這種人神互相制約的行為，在西藏處處可見，還挺有意思的。

"最基本的一角錢成了奉獻的主力，
　　既可以展現對神佛的尊崇，又不會造成自己太大的金錢負擔。"

也許是換錢的需求太高了，為了讓遊客不必一塊錢一塊錢地辛苦換錢，有些寺廟裡的僧人會在場協助換錢，一塊錢、五塊錢、十塊錢，一次就換來一大堆零錢，是很人化性的服務。在拉薩哲蚌寺，我們還遇到超有巧思的僧人，看護佛殿的同時手也沒閒著，直接將零錢分類，十張一角錢摺成一小疊、五十張一角錢則攤開成一朵小花狀，然後拿在手上或放在桌上，遊客薄薄一張紙鈔當場就換來厚厚一疊紙鈔，感覺富有之際，也享受僧人無微不至的體貼感，真溫暖。

別小看一角錢的力量，聚沙成塔的成語，你一定聽過。在西藏，每天、每間廟宇都會獲得無數的一角錢紙鈔，並要動用大量人力去清點這些「成果」。每天，大昭寺的金頂就會出現這種多人點錢的畫面，雖然他們不想讓人拍照以免遭到誤解，但面對那堆積如山的紙鈔和工作人員，我還是會忍不住偷拍一下，當他們發現要阻止時，我早已拍完啦。（只不過回家時……焦距不清。不真誠的行為，果真沒好結果！）

不過，這一角錢卻讓我有了省思的機會：再平凡不起眼的東西，都有屬於它的光芒時候；正如一角錢在西藏，其重要性遠勝於百元大鈔。有一百元在手，絕對比不上有一大疊一角錢在手方便與神聖。當然，有這麼一大疊的錢在手上，任何人都會覺得自己很富足，心也不會再有太多貪念了！

下次，如果有一塊錢之類小錢掉在眼前，千萬不要鄙視或置之不理。蹲下身撿拾它，不是要貪求這一塊錢，而是相信，有朝一日它會有重要的用途！

送他一枝鉛筆

　　到藏區旅行，我習慣帶一些鉛筆同行，可隨機送給偏遠地區的孩子，鼓勵他們把握學習機會、認真學寫字。一枝鉛筆微不足道，卻滿注我對孩子的祝福，希望他們能透過學習不斷開拓自己的人生視野，有朝一日為自己和西藏創造出更美好的明天。

　　偏遠的藏區，逐水草而居的牧民仍四處可見，他們的孩子從小跟隨著父母在四季變化中不斷遷徙，鮮能有接受教育的機會。雖然，大陸政府用心良苦在各地廣設「家長有送子女入學的義務」之類的宣傳標語，藏民的孩子也可以免費入校念書住宿，但成效仍有限，許多牧民還是習慣帶著孩子過著長久以來的遷徙生活，畢竟這種飄泊元素已在他們血液裡流動千百年。

> "在藏東的小鎮，我們遇到一個紅衣小女孩沿路跟著我們，一直不斷細聲重複著：「阿姨，鉛筆！」把我們心都叫疼了，卻始終拿不出筆來送她。於是，沿途只要看到小朋友，我們就會笑嘻嘻地把筆送給他們。孩子，要認真讀書識字喔！"

　　在拉薩市區或知名寺廟裡，總會看到來自牧區的小男孩或小女孩在父母授意下四處向遊客乞討，如果遊客執意不給，蓬頭垢面、流著兩條鼻涕的他們會死纏爛打抱著遊客大腿不放，最後搞到遊客不得不破口大罵。我自己也曾被這樣的孩子纏過幾次，但我無論如何就是不給錢，因為不想讓孩子從小價值觀就被混淆，覺得別人有滿足他的義務；而且我不確定他們拿到的錢是真的獻佛了還是進入父母的口袋，所以我寧可送筆、給糖也絕不給錢。結果，有幾次被難纏的孩子追到無路可走，反倒是一旁的藏人看不下去，出來替我解圍。

離開拉薩後，孩子就單純多了，要的不是金錢而是鉛筆。

在藏東風景如畫的然烏湖小鎮，我們遇到一群玩得不亦樂的孩子，看到我們接近，孩子立刻圍攏上來異口同聲喊著：「阿姨，有沒有鉛筆？」我手上的鉛筆早在日喀則發完，路上忘了補給，只能歉意對他們笑笑。一個紅衣小女孩沿路跟著我們，一直不斷細聲重複著：「阿姨，鉛筆！」把我們心都叫疼了，卻始終拿不出筆來送她。

走沒兩步，又一對藏族姐妹跟我要筆，不想讓孩子一再失望，我只好敷衍地回答：「阿姨現在沒有筆，等一下買了再給你們，好嗎？」姐妹善解人意地點點頭，但沒多久突然又大步跑向我：「阿姨，我們跟妳一起去買吧！」

是不是曾有人對他們許了同樣的承諾卻沒有實現，讓姐妹兩人不敢再隨便相信陌生人呢？如果真是這樣，我就不該讓相同事件再度重演。

「妳們知道哪裡有賣鉛筆嗎？帶阿姨去買好不好？」

兩姐妹點點頭，牽著手快樂在前引導我們。於是在她們帶領下，我們走到小鎮一家不起眼的雜貨店裡買筆。看見一把把的鉛筆，同伴們不約而同回頭問我：「要買多少？」

一枝鉛筆三毛錢，對我們而言是小錢，原本我想把所有的筆都買下來，但同伴又善意提醒：「小鎮物品補給不易，如果我們一次把筆買完，短期內可能會沒有筆可以賣給其他的孩子。」說的也是，最後我們決定合買50枝鉛筆，然後一一發送給身邊的孩子、並跟他們合照留影（拍照的目的不是為了「證明」自己的行為，而是想要留下孩子拿到鉛筆後的快樂笑顏）。

於是，沿途只要看到小朋友，我們就會笑嘻嘻地把筆送給他們，所謂施比受有福，莫非就是如此了。不過，對於應該把筆送給什麼樣的人，我和同伴之間稍有不同的看法。我的同伴覺得應該把筆送給上學的孩子，這樣鉛筆才有機會被使用，但我卻想把筆送給沒有念書的孩子，我相信那一枝筆對他們的意義會更重大，而且有可能

成為推動孩子想學寫字的動力；只要有動力，就會有希望。日後，小朋友可能會因想要寫字念書，要求父母送他們上學，這樣的結果不是更好嗎？在那木措聖湖，我送給跟隨爺爺轉經的小男孩一枝鉛筆，收到這枝意外的筆，不懂漢語的爺爺和小男孩不斷對我點頭道謝，眼神裡真摯的感謝與歡喜，讓我久久難忘。我用手勢告訴爺爺，要讓小男孩學讀書、寫字，不確定他了解我的意思幾分，但我相信我的誠意他完全能懂，這就足夠了。

其實不管是我的想法，還是同伴的想法，都無所謂對錯，重要的是孩子在接過我們送他鉛筆的同時，也接受了我們對他的深深祝福。孩子，要認真讀書識字喔，日後當你有能力和學識時，別忘了也要回過頭來幫助家鄉裡更多需要幫助的小朋友，讓大家都有能力替自己的未來做抉擇喲！

一枝筆不值錢，但祝福很深、很深！

旅行的學習

與自己相處的學習

到西藏旅行，是檢驗自己的生命能夠減去多少繁瑣事物的最好方式。

旅行有時候可以很簡單，輕便的裝便就出發；有時候也可以很繁雜，把所有自己世界需要的東西都以小包裝打包一份，隨身攜帶，讓自己不至於因缺乏某些物品而惶恐不安，甚或覺得活不下去。這兩種方式無所謂好壞，完全看個人的需求。只是，後者並無法讓你體會到生命減法的快樂。

對於我而言，旅行是生活動線的延伸，雖然事前會做功課，但並不會因此幫自己規劃出一個密密麻麻、幾乎什麼地方都想走訪的行程表。旅行時的我很隨興，沒什麼是絕對非看不可，想走就走，不想走就停下休息或發呆，因為沒有特別期待值，反而常能發現一些驚喜，創造出無窮的快樂。

也許，意外的收穫才是我真正想透過旅行獲得的東西吧。畢竟，大部分的我們，在現實世界、在生活裡都是小心翼翼的，不敢有太多的嘗試，好奇心只有在旅行時才能夠徹底游動。

曾在書上看過一段話：「如果你待在一個城市超過六個月以上，你與那個城市之間就是有緣的，它也可以稱為你的故鄉之一。」從這句話向外延伸，我覺得：「能到一個地方旅行，你與那個地方之間就是有緣的，盡可能去了解那個地方想要傳遞給你的故事吧！」不必在乎走了幾個城市或拍了多少照片，總有些收穫會跟隨著你返

回原地；也許當下不知覺，但在某一個時刻，收穫自會發酵成為具體有形的結果。

於是，旅行成為我檢視自己內在的最好方式，尤其是到西藏這種地理環境偏遠、物資有限的地方，更是檢驗自己生命「耐度」的最好方式。第二次西藏行，我和同伴決定一遊珠峰（聖母峰）基地營，並透過貼條子方式徵求到一對廣州夫妻同遊。沿途，廣州太太不斷抱怨路途艱難、食物難吃、住宿條件差、天候不好，聽得我和同伴的耳朵都快長繭，最後根本不想回應她。如果不願放空自己的心，事事物物都要用自己世界的認知評估一番，旅途中怎麼會有新感受與新體會呢？

"旅行，是檢視內心的最好方式；

到西藏，更是檢驗自己生命「耐度」的最好方式。"

想著廣州太太的抱怨，旅行結束後我也開始向內檢視，看看自己在旅行裡究竟放掉了多少、又獲得了多少。雖然，旅行中我很能隨遇而安，一個床位就可以安然入睡、再髒臭的廁所都可以掩鼻而入，但我還是有很多放不開的地方，行李裡也攜帶太多其實可以棄之不要的物品。

到西藏旅行，是為了要讓心靈遠離現代物質的束縛與誘惑並體會無拘無束、自在奔放的感覺；然而，習慣了城市種種物質享受的我們，旅程中卻還是無法全然放開，諸多有形與無形的束縛時時刻刻與我們同行著。

也許，我們還沒學會簡單純樸的真意；也許，是我們在城市裡生活太久，遺失了回歸自然的能力。於是，我們帶了大批的物品和需求認知在旅行，勞累著我們的軀體，也勞累著我們的心靈！

瓶瓶罐罐的防曬霜、保濕霜、乳液、保養品，擔心長期暴露在高原紫外線強烈的自己臉黑了、醜了、長斑了、眼角又多了幾條皺紋。

　　一袋又一袋的食物、飲料、零食、水果，深怕處在野地的自己餓了、渴了或無法適應藏區的酥油味道和有限的飲食內容。

　　頭痛藥、腸胃藥、喉嚨藥、外傷藥、精油、蚊蟲藥、眼藥水，唯恐嬌弱的身軀會出現任何不適，延誤了旅行的進度和心情。

　　手機、筆記型電腦、數位相機、熱水壺、太陽眼鏡、銀行卡，所有現代科技的產物，沒有一樣我們敢拋棄不用，以免旅行的過程有所缺憾出現。

"我刻意放空自己的行李，也放空某些生活上的需求。

　我相信，當需求與內心放空愈多，就愈有新空間容納不同的視野與故事。"

　　住在拉薩期間，我們甚至迷戀於類似Starbucks般的咖啡館，一邊喝著美味的咖啡，一邊沈迷於無線網路，透過MSN和朋友問好，也透過網路閱讀、發送電子郵件，深怕自己被世界給遺忘了。

　　我們羨慕藏民的簡簡單單、無太多羈絆和累贅的生活，但，我們卻做不到。我們嚮往藏民的一簞食、一瓢飲、四處為家，但，我們卻小心翼翼地行動著，不敢大膽放開自己的手腳。

　　旅途中，我不斷在思索著，為什麼我擺脫不了現代的束縛？現代

靜待生命開花結果的學習

種種物資和設備，究竟是豐富了我的生活？還是阻礙了我的豁達？

　　也許，下次的旅行，我應該讓身體有更多展現堅強韌性的機會；也許，下次的旅行，我應該再勇敢一點、再大膽一點、自我保護再減少一點，如此，反璞歸真的收穫才能再多一點。

> "如果還有第四次機會，我相信，我會再放掉更多、更多。"

　　於是，第三次西藏行，我刻意放空自己的行李，也放空某些生活上的需求。自助用的大揹包重新取代登機箱，能儲存記憶卡的數碼旅伴取代可以隨時無線上網的筆記型電腦，送給小朋友的鉛筆取代放置林林總總的零食空間，陳舊的巴士行程取代某些租車行…。

　　我相信，當需求與內心放空愈多，就愈有新空間容納不同的視野與故事。也許，這就是我的西藏旅行能永遠滿溢快樂和感動的原因吧！我一直在學習，向天地學習，向藏人學習，向旅行的一草一木學習。看得愈多、想得愈多，頓悟的眼淚也愈流愈多。生命真摯之道，不在課堂、不在辦公室，而是在每天簡單的行腳間。

　　如果還有第四次機會，我相信，我會再放掉更多、更多。

自在坐看雲起、不匆匆追逐的學習

附錄　　# 西藏旅遊建議

前往西藏旅行，既要有緣分，也要有心。緣分來自於上天，心意來自於本身，膽大心細地規劃，西藏行將會是一種難能可貴的生命體驗。想親自去西藏體會讚嘆一番嗎？其實沒有想像中的艱難，以下資訊和建議希望有助於大家的準備。

證件

必須備有台胞證和入藏證。

中國官方規定，台灣人和外國人進入西藏需要申請入藏證。走陸路可能不會檢查，但西藏政策多變難測，一證在身會比較心安。如要搭機入境，沒有入藏證是絕對無法購買機票的。

透過大陸旅行社辦理入藏證，費用極高，可洽請在西藏開設妙吉祥旅館的台灣羅小姐幫忙辦理，費用合理（妙吉祥網址http://www.mjixiang.com）。

交通

航空：

中國內陸很多城市都有班機直飛拉薩貢嘎機場。欲了解相關訊息者，可上中國最大的旅遊網攜程網www.ctrip.com.cn查詢。

鐵路：

2006年7月正式啟動的青藏鐵路是現在最熱門的入藏路線，相對地也是一票難求，尤其是從外地開往拉薩的火車（拉薩開往外地的火車比較容易買到票）。

北京、上海、廣州、成都、西安等城市每天都有火車發往西藏，

但青藏鐵路的精華段是從青海西寧到拉薩，車程約26小時，如果時間不多或不適應長途火車者，只要到西寧搭乘即可，以免要花2天2夜的時間在火車上。

公路：

　　滇藏、青藏、川藏、新藏是入藏四大路線，成都、西寧、香格里拉等地都可以找到各種入藏工具和同伴。這種旅行方法較累、時間也較長，不適合短期旅遊者，但交通本身就是一趟難得的旅程，乘車迂迴於青藏高原雪山間，絕對是畢生難忘的經驗。出發前務必要嚴格挑選有豐富經驗的當地師傅和車輛，安全至上。

個人裝備

　　青藏高原氣候多變，晴天時豔陽高照、紫外線狠毒，必須戴太陽眼鏡、帽子、並勤擦防曬霜。陰天或曬不到陽光處，感覺陰冷，穿著應採多層次穿法：內穿排汗短袖T恤、外罩長袖襯衫、防風背心或抓絨服、Goretex外套，再依實際天氣狀況穿穿脫脫。

　　如果要到納木措、珠峰等高海拔地方旅行，毛帽、厚襪、手套、羽絨服都不可少。除非特別要去露營，否則睡袋可有可無。行李裡最好再備上口罩、小型手電筒、個人常用藥品（尤其是腸胃藥），以備不時之需。如果多人同遊，最好再準備一條多孔延長線，以免晚上眾人的手機、相機都要充電。

住宿

　　拉薩的住宿選擇很多，從青年旅館、家庭旅館、招待所到星級酒店都有，除了七、八月旅遊旺季一房（床）難求外，其他時間幾乎都可以輕鬆找到滿意住宿。便宜的青年旅館，大統鋪床位一天只要人民幣20~30元左右、含衛浴的標間一晚約在人民幣120元上下。星級酒店依設備和地點收費不同，約在200~300元間。

　　出了拉薩，住宿環境和選擇都有限，有什麼就住什麼，要有隨遇

而安的心理準備，也要做好防寒工作。

飲食

　　拉薩有如一個小型聯合國，世界各地旅客皆有，飲食口味也很國際化，從傳統藏式、川式、中式到尼泊爾式、歐式、義式、韓式各種口味皆有。

　　出了拉薩補給不易，吃的選擇也較有限，最常見的是四川人開的小餐館，但口味偏重、偏辣，點菜時別忘了告訴老闆要少油、少鹽、少辣。出發前可在拉薩的超市多買點壓縮餅乾、方便麵（泡麵）、火腿腸、零食、水果和礦泉水，以備沿途不時之需。

金錢

　　出門在外攜帶大量金錢既不安全又不方便，可以拿台胞證在拉薩的銀行開立（人民幣）帳戶，日後依需要拿提款卡隨時提領，等要離開西藏時再結清帳戶。建設銀行、農業銀行、工商銀行在西藏都有分支機構，十分方便。

後記　　# 西藏的美麗與哀愁

　　因距離遙遠，外人對西藏的認知始終有限。西藏歸來，我渴望深入認識這個民族的文化與內涵，於是大量閱讀與西藏相關的書籍雜誌。在不斷認識西藏歷史、宗教、山水的同時，卻也不由得為它的將來擔心，心疼被漢族文化和現代化腳步在後急急追趕的它，不知還能保有自己的傳統文化與善良樂觀多久；而閱讀十四世達賴喇嘛的相關故事，更讓我清楚看見這一代藏人的美麗與哀愁。

　　故事要回溯到1950年10月。當時中國共產黨派遣一支八萬人解放軍入藏「解放」西藏，開始展開藏區的種種收伏手段，以掌握當地政權；於是，政教合一的西藏政府決定讓年甫16歲的達賴喇嘛提早登基掌權（註1），帶領陷於混亂的西藏人民共同抵禦外力，他就是今日大家耳熟能詳的十四世達賴喇嘛。

　　1951年，西藏被迫與中國簽訂「十七條協議」，正式失去獨立地位，中國的軍隊也更肆無忌憚地長驅直入西藏。1959年3月17日，為繼續維持藏族的宗教信仰與文化、並避免年輕的達賴喇嘛受到中國迫害，在一干官員策畫下，達賴喇嘛隨同家人和西藏政府官員等74人揮淚告別家園，摸黑穿越滿覆冰雪風霜的喜馬拉雅山，一路風塵僕僕逃亡到尼泊爾、印度，最後在印度政府收容下於達蘭莎拉成立西藏流亡政府，總算有了安身之所。

　　達蘭莎拉雖小，卻是藏人尋求自由的避風港，之後無數不堪迫害的藏人、僧人依循達賴出走路線前往投奔流亡政府，最高時期一年有近四千名藏人出走。路雖險阻、甚至生死不可測，卻絲毫不影響藏人出走的決心。

　　沒有領土、沒有主權，也不被中國承認的西藏流亡政府，在達賴喇嘛的戮力領導下，逐漸成為藏族的「現代烏托邦」。在那裡，藏人的宗教和傳統文化被完整保存，藏人的下一代也可以接受教育，寄人籬下的生活雖苦，至少有「自由」相隨。至於慘遭文化大革命破壞殆盡的西藏，這幾年因中國政府「有意識」地開發建設和大開旅遊門戶，已愈來愈趨於商業化，普及的教育和逐漸改善的經濟條件，讓藏人看似滿足於現狀，但內心對於宗教不自由和漢藏不平等的積怨，卻像未止息的火山隱隱於內。

　　自流亡以來，達賴喇嘛心中最大的弘願就是帶領藏人再度重返家園，為西藏創造一個美麗宗教世界。他曾多次公開對外表示，只要能建立藏人自治區，西藏絕不會脫離中國獨立；甚至，他個人還願意為此成為「最後的達賴喇嘛」，放棄政治領袖的身份，改由藏民以民主的方式經營管理自己的政府，達賴喇嘛則回復單純的宗教身份，以為人民祈福、為社會謀福利為輪迴職志。

　　只是，達賴喇嘛的誠意並未被中國接受，儘管在1989年獲得諾貝爾和平獎、2007年獲得美國國會的金質獎章，並贏得無數西方世界領袖和知名人士的友誼與支持，達賴喇嘛和中國之間的問題始終無解，雙方互派代表進行多次的對談也無正面結果，達賴更被中國政政府視為國家統一的破壞者，寺廟或藏人不准持有任何與他相關的照片。

　　2007年中國政府又頒佈新法令，規定達賴喇嘛等西藏活佛的繼任人選必須經過政府當局的同意，此舉更讓漢藏關係雪上加霜。十四世達賴喇嘛已七十餘歲，終有圓寂的一天，如果他在西藏以外地區圓寂，中國和達賴政府將因轉世靈童問題再起爭執，十世班禪喇嘛靈童認證的疑慮肯定會重演(註2)，這將使得西藏問題更加複雜化。眼看中國政府對於達賴喇嘛的溫和善意始終缺乏誠意，返園家

園的心願又遲遲沒有希望，達蘭莎拉年輕藏人開始將希望寄託在
「藏獨」，期望透過激進聳動的手段獲取國際社會支持、讓西藏得
以早日脫離中國獨立，這更加速了雙方的裂痕與仇視心理。

終於，2008年3月14日，西藏局勢再度成為世人的焦點。

這一天原是西藏人民和平抗暴四十九周年紀念日，幾位僧人和藏
人走上拉薩大昭寺廣場抗議，要求中共准許他們的精神領袖達賴喇
嘛重返西藏；接著，哲蚌寺、色拉寺和大、小昭寺上百名僧人也要
上街頭聲援，讓正全力準備奧運的中共當局為之緊張，即刻召集各
路武裝部隊入藏鎮壓，並瞬間關閉僧院、入內逮捕僧人。

鎮壓消息沒多久傳遍藏區，日喀則、甘南、青海等地，藏人、僧
人紛紛群起聲援；在北京唸書的藏族大學生更不顧一切在校園徹夜
燃燭靜坐，為家園親人祈福，並表達心中的難言之痛。看似平靜的
藏區，在此導火線的引爆下，瞬間燃燒成一股強烈不可擋的火海，
撼動世人。

雖然拉薩事件因此再度躍上國際媒體，並受到世人高度重視，西
方領袖也紛紛敦促中國領導人必須重視西藏人權、坐下來與達賴喇
嘛和平對談，以徹底解決西藏問題；但，中國政府把暴動責任推向
達賴喇嘛，指責達賴政府是一切流血事件的幕後籌劃者、世界各國
的聲音更是在干預中國的內政。更甚者，CNN、BBC等西方媒體對
於拉薩事件的選擇性、傾達賴報導，同步激起中國民眾的高度愛國
心，對於所謂的「西藏所有權」也更加嚴厲捍衛著。

西藏民間曾有一說法，西藏落入中國政府的統治、達賴在異域成
立流亡政府，都是藏傳佛教神佛的冥冥安排，惟有如此才能讓藏傳
佛教深入西方世界並開花結果。這樣的說法真實性如何？也許只有
神明才能回答。西藏的314事件會出現什麼難以預料的結果？有一天
當年邁的達賴圓寂時，他的轉世靈童又將如何被「安排」？分處於

喜馬拉雅山兩側的藏人，又要面臨著什麼樣的新變局？這樣複雜的問題，恐怕連達賴喇嘛都無解。

原本單純無憂、不求今生苦樂的民族，卻因政治問題而無法自在生活，讓人心痛與不捨。三度在西藏翩然起舞、體會到人性深處真善美的我，如今能為西藏做的就是牢記它曾經給予我的真樸與感動，並與更多人分享這些點點滴滴，一起見證西藏曾有的單純真摯。

讓我們一起為西藏祈福、為藏人祝福，願藍天下的他們，能早日享有真正的自由，願神的子民，笑容永遠燦爛如昔！

【註1】根據西藏傳統體制，達賴喇嘛必須年滿18歲才能正式接掌實權；當年因中共不斷對西藏進行迫害，加上藏民不斷訴求需要領袖，西藏政府才同意讓年僅16歲的十四世達賴喇嘛提早即位。

【註2】1989年十世班禪在日喀則札什倫布寺圓寂後，廟方透過秘密管道請達賴喇嘛指認的靈童，在正式公佈前慘遭中共軟禁、後來形同失蹤。之後，中共另任命一位靈童坐床成為十一世班禪，並讓他常年生活於北京以就近看管，所以現任十一世班禪在西藏普遍不被藏人所認同，這對一向尊敬喇嘛、活佛的藏人而言，是極不尋常的現象。

關於八月女生
溫柔行走之後，告別高跟鞋

在職場上，曾經很自豪於自己穿高跟鞋的功力。三吋細瘦的高跟鞋蹬在腳下，仍能為客戶活動四處奔走、有時為爭取時間還得來個快步跑跳。可怕的是，過程毫不知勞累，直到活動結束有機會癱坐下來喘口氣，才驚覺被禁錮在高跟鞋裡的雙腳早已疲累到沒有知覺。

多年的職場訓練，早已習慣如此這般的工作方式和行走節奏，也總以為，高跟鞋將伴隨著自己的職場生涯一直走下去，於是，鞋櫃裡的鞋子色彩愈來愈繽紛、造型也各異其趣，穿著高跟鞋執行一次又一次的活動，更成為某種征服自我的成就感。

直到愛上流浪、愛上大自然後，才開始懂得善待生命與雙腳。曾經每天被高跟鞋密密緊箍的雙足，開始學習適應空間變大變寬的登山鞋和戶外涼鞋，初期常會被鞋子前後所絆倒或走路跌跌撞撞，幸好不久後已逐漸能適應矮跟厚重的鞋底，並在碎石與泥濘間穩健行走出屬於自己的節奏。

在拉薩旅行期間，某夜我因足根皸裂而痛醒，月光中看著穿戶外涼鞋長途跋涉的腳底因風吹日曬出現一條修白色乾痕，才驚覺粗糙、變大的它已和生命一樣，蛻變進入人生另一個階段，難以再套上昔日美美的高跟鞋。那一刻恍然明白，很多新事物將走入我的生命，而很多曾習以為常的事物，也終會自然淡去。

告別高跟鞋的心情，如同與情人理智分手，雖不捨昔日曾有的相愛時光，但彼此已不再契合，就必須誠心揮手道別，讓各自再分別奔赴不同的生命路途。告別高跟鞋的心情，也如同告別繁華彩妝品與年輕風花雪月的心情，生活和自我減少了許多不必要的贅飾，並不會因此而枯萎，反而能在簡單自在的當下看見樸實的自我，不擔心卸妝後的判若二人。

雖然，之後偶爾還是會套上高跟鞋，但純屬偶爾為之，無法再像年輕時代的矯健俐落。就像已然習慣清淡飲食的腸胃，偶爾還會想吃一口香雞排、吸吮一杯奶茶，但不會執著，更不會戀戀不捨。

生命裡有些事物，曾經擁有即可；擁得後的釋懷與捨得，會再帶來另一番新擁有，因此讓生命更覺豐盈和驚喜重重。真美。

溫柔行走，在西藏 ／八月女生著‧攝影. -- 初版.
　　-- 臺北市 ： 臺灣商務, 2008（民97）
　　　　面；　公分 --（Ciel）
　ISBN 978-957-05-2298-3（平裝）

1. 遊記 2. 旅遊文學 3. 西藏

676.669　　　　　　　　　　97009537

這被它吸引的靈魂，是失落的自我！